Theo Jannet

KOMPASS
BURNOUT

Der Autor
Theo Jannet ist Diplompädagoge und Psychotherapeut. Seit vielen Jahren berät er Menschen mit Depressionen und Burnout-Syndrom für eine große deutsche Krankenkasse. Der Burnout-Kompass zieht die Summe von Jannets Erfahrungen mit Betroffenen und deren mentalen wie lebenspraktischen Herausforderungen.
Kontakt und weitere Informationen unter www.theo-jannet.de.

Theo Jannet

KOMPASS
BURNOUT

Alles, was Sie für Ihren
persönlichen Ausweg brauchen

Dieses Buch ist auch als E-Book erhältlich:
ISBN 978-3-407-22328-9

www.beltz.de

© 2014 Beltz Verlag, Weinheim und Basel
Umschlaggestaltung: www.anjagrimmgestaltung.de,
Stephan Engelke (Beratung)
Umschlagabbildung: © Piotrek Golebiowski/Getty Images,
©kharlamova_lv/Fotolia.com
Layout und Satz: Lelia Rehm
Druck und Bindung: Beltz Bad Langensalza GmbH, Bad Langensalza
Printed in Germany

ISBN 978-3-407-85977-8
1 2 3 4 5   18 17 16 15 14

Inhalt

2 Wie erhalte ich Hilfe?
Wege in eine Behandlung

3 Was tut mir jetzt gut?
Anregungen zum Selbstmanagement

4 Wie geht es weiter?
Tipps für eine nachhaltige Gesundung

Anhang

So funktioniert der Kompass

»Schreiben Sie Ihre Hinweise zum Umgang mit Burnout doch in einem Buch auf!«

Diesen Satz habe ich in den letzten fünf Jahren immer wieder gehört. In dieser Zeit beriet ich über 1500 Menschen, vermittelte diese häufig in medizinische und psychologische Behandlung und unterstützte sie, mit geeignetem »Rüstzeug« ihren verschiedenen Formen von psychischen Belastungen und Erkrankungen selbst entgegenzuwirken. Am häufigsten waren es Menschen in unterschiedlichen Phasen einer Erschöpfung oder auch Burnout-Erkrankung.

Die Lebensgeschichten und die Tapferkeit dieser Menschen begannen mich in besonderem Maße zu berühren und zu interessieren. Nach einigen Jahren der therapeutischen Arbeit mit Abhängigkeitskranken fand ich deutliche Parallelen in den Verhaltensweisen dieser zwei Personengruppen: Beide halten oft viele Jahre an einem selbstschädigenden Verhalten fest, um eine innere Leere zu kaschieren. Nur ein grundsätzlich veränderter Lebensstil verhindert den Rückfall in die vormalige ungesunde Lebensweise. Hierbei brauchen Burnout-Persönlichkeiten Hilfe und Unterstützung.

Wenn der eigene Kurs im Leben nicht mehr gehalten werden kann oder ganz aus dem Blickfeld zu geraten droht, bedarf es der Orientierung an der Außenwelt, wie durch einen Kompass. Auf diesem sind hierfür die vier Himmelsrichtungen angegeben. Analog gibt dieses Buch in seinen vier Teilen vier Richtungen vor, die Betroffene auf ihrem Weg aus dem Burnout jeweils einschlagen können:

Teil 1: Orientierung

Teil 4: Gesundung   Teil 2: Behandlung

Teil 3: Selbstmanagement

In Teil 1 erhalten Sie eine erste Orientierung zur Diagnose »Burnout-Syndrom« mit all ihren Möglichkeiten, Grenzen und den Folgen und Missverständnissen, die sich daraus ergeben. Die Vorstellungen, die Sie selbst von der Erkrankung, ihren Ursachen und den Möglichkeiten zur Gesundung haben, bestimmen maßgeblich den Erfolg einer Behandlung.

Teil 2 zeigt Ihnen die Möglichkeiten von unterschiedlichen Formen der Burnout-Behandlung. Wenn Sie sich zum ersten Mal mit einer psychischen Problematik auseinandersetzen, kann die Verwirrung groß sein – und noch größer die Ungeduld, wenn Sie auf dem anstehenden Weg zur Gesundung organisatorische Hürden und bürokratische Hindernisse bewältigen müssen.

Teil 3 leitet zum Selbstmanagement an. Bei psychischen Erkrankungen, die das Selbstwertgefühl belasten, ist gerade dieser Aspekt notwendig und segensreich. Durch Eigenleistungen, vor allem in den Bereichen Bewegung und Entspannung im Alltag, können Sie Ihr mentales Befinden stabilisieren und in ein Gleichgewicht bringen. Die Erfahrung der eigenen Selbstwirksamkeit wirkt sich positiv auf die Lebensausrichtung und jegliche Art von Behandlung aus.

Teil 4 stellt Ihnen verschiedene Wege vor, wie Sie nachhaltig gesund bleiben können. Während Behandlung und Selbstmanagement erste Hinweise geben, wie sich das eigene Verhalten im sozialen Kontext verändern muss, ist das Thema Arbeit häufig ein gesondertes: Der Transfer neu erlernter Verhaltensmuster an den Arbeitsplatz kann gelingen, wenn personelle und strukturelle Hindernisse bewältigt und neue Perspektiven wahrgenommen werden. Unter Umständen muss deswegen auch der Arbeitsplatz neu gestaltet oder gewechselt werden. Nur solche Maßnahmen, verbunden mit weiteren Elementen einer begleitenden Nachsorge, geben die Möglichkeit, die neugewonnene Gesundheit nachhaltig zu bewahren und zum Dauerzustand zu machen.

> Die weißen Kästen informieren über Hintergründe und sachliche Details.

In den grauen Kästen finden Sie Tipps und praktische Hilfestellungen.

Sicherlich ist es hilfreich, das Buch im Ganzen zu lesen. Es kann aber auch gezielt zu bestimmten Fragestellungen und Aspekten zurate gezogen werden. Auch in der Rückschau auf eine überstandene Krise finden Sie Hinweise und Möglichkeiten, Ihre Gesundung und Verbesserung der Lebensqualität langfristig zu sichern bzw. zu Prävention anzuleiten.

Zwar wendet sich die Ansprache des Buches an unmittelbar Betroffene – sie richtet sich aber ganz bewusst auch an Menschen, die mit Burnout-Persönlichkeiten zu tun haben: Partner, Familienangehörige, Freunde, Kollegen, Vorgesetzte, Ärzte, Therapeuten, Berater und andere Bezugspersonen. Der Burnout-Kompass soll ihnen dabei helfen, zu neuen Sichtweisen und Handlungsmustern anzuregen.

1

Was ist bloß los mit mir?

Orientierung zum Begriff Burnout

Orientierung

Gesundung   Behandlung

Selbstmanagement

Heutzutage verlieren die Leute ihre Freude, wenn das Vorübergehende sie verlässt. Darum sind sie mitten in ihrer Freude stets in Unruhe. Die also ihr Selbst verlieren an die Außenwelt, ihr Wesen preisgeben an die anderen, das sind verkehrte Leute.

Tschuang-Tze (400 vor Christus)

Vom Tiger zum Bettvorleger

1

Viele Menschen erleben im Laufe ihres Lebens Erschöpfungszustände. Nicht jeder davon ist ein Burnout. Manchmal haben wir uns einfach zu viel zugemutet. Wir haben uns keine Zeit mehr für Pausen und für Erholung genommen. Äußere Umstände zwangen uns plötzlich mit wesentlich größeren Belastungen als sonst fertig zu werden. Auch Verluste können Auslöser für Erschöpfung sein: Wenn wir einen lieben Menschen verloren haben oder einen Arbeitsplatz, auf den wir stolz waren, kann uns das kraftlos machen. Wir unterschätzen dann meist, wie viel Energie gerade seelische Trauer- und Verarbeitungsprozesse verbrauchen, die in uns ablaufen.

Aber welche Umstände führen dann letztlich zu einem Burnout?

Katja Jacobs, 35, IT-Spezialistin und Single, hat die Entwicklung ihres Burnout-Syndroms so beschrieben:[1]

> »Ich war schon immer ein Tiger. Ich musste alles schaffen, und ich konnte auch alles schaffen. Das ging jahrelang erstaunlich gut. Niemand konnte ahnen, auch ich selbst nicht, welchen Raubbau ich mit meinen Energien da betrieb. Abends nur noch müde und ausgelaugt sein, das war jahrelang normal für mich. Es adelte ja geradezu meine

---

[1]   Alle Namen und eventuell erkennbare biografische Details in den Fallbeispielen dieses Buches wurden geändert.

heroischen Leistungen. Bis zu dem Tag, an dem ich morgens nur noch als müder Tiger aufstand und dann am Abend völlig zusammenbrach. Am nächsten Morgen stand kein Tiger mehr auf. Ich war zum Tigerfell und Bettvorleger geworden.«

Zwei wichtige Merkmale eines Burnout-Syndroms werden aus dieser Selbstbeschreibung deutlich:

- Ein Burnout kommt nie plötzlich. Es besteht vor dem spürbaren und sichtbaren Erkranken schon lange ein merkwürdiger innerer Zwang, sich zu überfordern, und eine gleichzeitige Unfähigkeit, gesunde Grenzen zu ziehen und die eigenen vitalen und emotionalen Bedürfnisse zu achten. Diese Phase ist aber noch von Erfolg und Selbstbestätigung gekrönt. Es bedarf eines monate- oder sogar jahrelangen Vorlaufs mit selbstschädigendem und ungesundem Verhalten, um ein Burnout-Syndrom zu entwickeln. Zwar können kurzfristig besonders belastende Situationen eintreten und zu einem scheinbar akuten Einstieg in die Krankheit führen, aber diese Belastungen fallen, wenn sie ein Burnout auslösen, auf einen – im negativen Sinne – fruchtbaren Boden.

- Das Bild des Tigers, der zum Bettvorleger wird, verdeutlicht den Prozess des Identitätsverlustes, den ein Burnout-Syndrom in der Konsequenz immer bedeutet. Dies unterscheidet, neben anderen Faktoren, einen Erschöpfungszustand von einem Burnout-Syndrom: Ein müder Tiger bleibt immer noch ein Tiger. Der Bettvorleger aber hat etwas ganz Wesentliches verloren, nämlich seine Identität als ein lebendiges und eigenständiges Wesen.

Beispiele für Burnout-Persönlichkeiten

 Burnout hat viele Gesichter. Als Symptome werden u.a. genannt:

> - tägliche Müdigkeit und Erschöpfung (Neurasthenie)
> - Schlafstörungen
> - sexuelle Probleme
> - häufige Infekte und Grippe
> - regelmäßige Kopfschmerzen
> - mehrfach Schwindelgefühl
> - wiederholt Rückenschmerzen
> - Magen-Darm-Beschwerden

Aus verschiedenen Gründen lässt sich daraus aber nicht zwangsläufig die Diagnose Burnout ableiten:

- Genannte Symptome können subjektiv sehr unterschiedlich wahrgenommen und vom Betroffenen auch umgedeutet, umgewertet und anderweitig begründet werden.

- Solange keine Krankheitseinsicht besteht, hat das gezeigte Verhalten des Betroffenen, etwa ständige Mehrarbeit, die stärkste Aussagekraft. Krankheitseinsicht entsteht oft erst, wenn durch Verschlimmerung der Symptome der Leidensdruck unerträglich wird.

- Viele der genannten Symptome könnten auch anders verursacht sein, etwa durch Stoffwechselerkrankungen.

Auch daher ist eine frühe ärztliche Abklärung so wichtig. Zunächst gilt es abzuschätzen, ob ein Betroffener auf ein Burnout zusteuert oder bereits mit einem oder gar beiden Beinen mittendrin steht. Exemplarisch für die verschiedenen Phasen der Krankheitsentwicklung bei Burnout und die daraus resultierende Dynamik im Verlauf sind die drei folgenden Fälle aus meiner Beratungspraxis:

Die Illusion vom Crashkurs

Siegfried Tanner, 48, Außendienstmitarbeiter im Vertrieb von medizinischen Geräten, ist großgewachsen, sonnengebräunt und perfekt gekleidet. Er begrüßt mich mit einem energischen Händedruck und einem professionellen Lächeln. Kaum hat er Platz genommen in meinem Besprechungszimmer, scheint er noch zu wachsen. Mit seiner Energie füllt er den ganzen Raum. Zwei Versuche meinerseits, das Gespräch in der mir gewohnten Weise zu strukturieren, übergeht er mit freundlichem Dauerplaudern. Er spricht laut und in variierender Modulation über die Inneneinrichtung meines Büros, den Blick durch das Fenster auf eine große Geschäftsstraße und die wirtschaftliche Situation in Deutschland. Plötzlich hält er kurz inne, reibt sich die Hände und meint dann freudestrahlend: »Herr Jannet, Zeit ist Geld, Ihre genauso wie meine. Um es kurz zu machen: Ich habe zwei Wochen Zeit und brauche sofort einen Crashkurs gegen Burnout!«

Bislang eher erfolgsverwöhnt und von sich selbst eingenommen, gehen solche Menschen mitunter so grenzüberschrei-
tend durch das Leben, dass sie bei Mitmenschen auch Wut und
Ärger auslösen. Doch gerade diese Gefühle werden oft nicht
rückgemeldet bzw. lassen Menschen wie Herr Tanner solche
Äußerungen an sich abprallen und spielen den Ball eher wieder zurück. Die Konfrontation mit der eigenen Außenwirkung
bleibt solchen Menschen im therapeutischen Kontext nicht er-
spart, ist dann aber der Wendepunkt zu einer positiven Veränderung des Verhaltens. Vorher bleibt die wahre Befindlichkeit
hinter einer Fassade, wie hier die einer aufgesetzten burschi-
kosen Heiterkeit, verborgen und nicht ansprechbar.

Die Macht der Scham

Bärbel Safranski, 42, ist Simultandolmetscherin. Ihre Klei-
dung ist geschmackvoll modisch und weiblich, offensicht-
lich ist sie sich ihrer Attraktivität bewusst. Ihre Stimme
klingt allerdings dünn und leise, ihr Blick ist fahrig und
geht meist nach unten. Sie berichtet, dass ihr Ehemann ihr
massiv angeraten hat, sich endlich helfen zu lassen. Das
sehe sie auch ein, fürchte aber bei längerem Ausfall wegen
Krankheit einige gute Jobs zu verlieren. Sie habe sich aber
schon umgehört und sich für neue Projekte beworben, wo
sie später bestimmt genommen würde. Im Moment könne
sie aber nicht mehr. Ihre Augen füllen sich mit Tränen, und
ihr vorher maskenartig freundliches Gesicht gerät in Bewe-
gung. Sie habe immer nur gearbeitet und sich dann noch
um die Pflege ihres Vaters und der Schwiegermutter ge-
kümmert. Seit langem leide sie unter ständigen Kopf-
schmerzen, einen Hörsturz hätte sie auch schon gehabt.
Dann habe sie einen Artikel über Burnout gelesen und sich

*darin beschrieben gefunden, deshalb sei sie zu ihrer Haus-
ärztin gegangen. Diese hatte sie sofort krankgeschrieben
und ihr geraten, sich in einer Klinik behandeln zu lassen.
Mit sehr leiser Stimme meinte sie: »Ich brauche dringend
Hilfe, aber ich schäme mich so dafür ...«*

Menschen wie Frau Safranski sind in der Krise bereits ein wenig durchlässig geworden. Ihre wesentlichen Gefühle dringen
partiell nach außen und regen Mitmenschen an, wie in diesem
Beispiel den Ehemann, unterstützend und richtungweisend
einzugreifen. Dies kann von der Betroffenen bereits aufgenommen, aber noch nicht sofort in Taten umgesetzt werden.

Die unheilvolle Leere

*Gunther Strebel, 61, ist Diplom-Ingenieur. Nach vielen er-
folgreichen Zeiten hat er seinen Arbeitsplatz wegen Um-
strukturierungsmaßnahmen verloren. Zwei Jahre lang
übernahm er schlecht bezahlte Jobs weit unter seiner Qua-
lifikation, danach wurde er arbeitslos und blieb es, trotz
vieler Bemühungen. Die Ehe kriselt, der Verkauf des Hauses droht, ebenso kann der studierende Sohn nicht mehr fi-
nanziell unterstützt werden. Herr Strebel ist unrasiert und
etwas nachlässig gekleidet. Er spricht mit leiser eintöniger
Stimme, der Blick bleibt leer und völlig ausdruckslos. Auf
einer Autobahnfahrt habe er schon überlegt, an einen Brü-
ckenpfeiler zu fahren. »Dann wäre alles zu Ende, und ich
wäre auch keine peinliche Last mehr für meine Familie.
Dabei habe ich doch immer alles für andere gegeben.«*

So oft Herr Strebel anderen seine Situation auch schildern
mag, dem Zuhörer ist es nicht möglich, mitzufühlen und sich

1

hineinzuversetzen in seine Lage. Eine solche Leere löst meist Unverständnis, aber auch Angst bei Menschen des sozialen Umfelds aus, die sich dann eher zurückziehen. Die eigene innere Leere wird durch eine zunehmende äußere Leere dann dramatisch verstärkt. Suizidgedanken stellen sich ein – ein solcher Burnout-Zustand gefährdet das eigene Leben.

Bei allen drei Beispielen, so verschieden sie wegen der individuellen Charaktere der Betroffenen auch sind, kann von einem Burnout-Syndrom ausgegangen werden. Die Unterschiedlichkeit ist auch den verschiedenen Stadien eines Burnout-Syndroms geschuldet, in welchen sich die Personen befinden.

Elastisch oder erstarrt?

Ein Mensch sagt, und ist stolz darauf,
er gehe ganz in seiner Arbeit auf.
Bald aber, nicht mehr ganz so munter,
geht er in seiner Arbeit unter.

Eugen Roth (1895–1976)

Als Antwort auf die Frage, wie man zwischen einem Erschöpfungszustand und einem Burnout unterscheiden könne, gebe ich Fragenden als erste Annäherung an das Thema gerne folgendes Bild:

Eine gesunde Seele ist von Grund auf elastisch und teildurchlässig. In Zeiten hoher Belastung von außen kann sie sich daher durchaus verformen. Sie bekommt auch schon mal eine Delle oder wird in extremen Lebensphasen auf einige Nummern kleiner komprimiert. Spätestens dann wird es höchste Zeit, dass wir uns dem äußeren Druck entziehen und etwas für unsere Seele tun: Wir lassen sie baumeln, ruhen uns aus, stärken uns mit den Dingen, die unser Herz zum Singen bringen.

Unsere Seele wird uns dankbar sein und sich wieder ausdehnen. Dabei werden dann auch eventuelle Dellen verschwinden, bis es uns wieder richtig gut geht und wir wieder ganz »in Form« sind. Gelingt dies, so hatten wir uns für einen Moment in unserer Erschöpfung verloren und haben dadurch, dass wir gut für uns gesorgt haben, wieder zu uns zurückgefunden.

Dies war noch kein Burnout.

Dennoch erfordern Erschöpfungen dieser Art unsere Aufmerksamkeit und rechtfertigen vorübergehend auch Tage der Arbeitsunfähigkeit. Sollten Sie sich in diesem Stadium befinden, werden Sie dennoch von meinen Hinweisen profitieren, besonders in Teil 3 und Teil 4.

Was ist diesem Bild zufolge aber ein Burnout?

Wenn wir unserer immer stärker komprimierten Seele über Wochen, Monate oder gar Jahre nicht wieder die Möglichkeit der Ausdehnung geben, beginnt sie sich zu verändern. Als Schutzfunktion erstarrt sie, wird hart und undurchlässig, um so dem Druck weiter standzuhalten. Diese zunächst sinnvoll wirkende Maßnahme entpuppt sich längerfristig als fatal: Die Seele verliert ihre Elastizität. Zwar dringt dann von außen nichts Schädliches mehr in sie ein, aber eben auch nichts Nährendes. So abgeschirmt, strahlt die Seele auch nicht länger nach außen und zeigt keine Reaktionen und Gefühle mehr.

Stellen wir uns vor, dass jetzt der Druck von außen wegfällt: Sei es, dass der Betroffene einsichtig wurde, selbst auf die Bremse tritt, sei es durch Arbeitsplatzverlust oder Krankschreibung. Dies kann auch gegen den eigenen Willen geschehen, wenn ein Arzt konsequenterweise sagt: »Ich ziehe Sie jetzt erst mal aus dem Verkehr!«

Die verhärtete Seele wird sich jetzt allerdings nicht von selbst ausdehnen, denn sie kann es nicht! Im Gegenteil, der Betroffene fühlt sich nur noch viel schlechter, denn die einzig verlässliche Lebensinstanz, seine Arbeit, fällt weg. Und der kümmerliche Zustand der eigenen Seele wird einem manchmal so erst überhaupt bewusst. Gut gemeinte Aufforderungen wie »Tun Sie sich etwas Gutes, nutzen Sie die Zeit doch für sich!« werden vor einem solchen Hintergrund verständlicherweise nicht als Ermutigung, sondern als Schlag ins Gesicht empfunden.

Dieses Bild erklärt auch das nur auf den ersten Blick paradoxe Phänomen: Viele Menschen mit Burnout leiden an ihrem Zustand gerade nicht während der Arbeitsbelastung, sondern nachts (Schlaflosigkeit!), am Wochenende oder im Urlaub, den manche daher am liebsten gar nicht mehr nehmen würden.

Jetzt ist in jedem Fall eine fachkundige Behandlung gefordert, mit den üblichen Durchhaltestrategien alleine ist nichts mehr zu erreichen.

Einer meiner therapeutischen Lehrer, Thijs Besems, verwendete für solche Situationen folgendes ergänzende Bild:

Bei einer funktionalen seelischen Störung, etwa einer Erschöpfung, reicht es aus, für gute Bedingungen zu sorgen. Die Seele wird sich dann selbst zu helfen wissen. In der Welt der körperlichen Krankheiten entspricht dies einem grippalen Infekt, den man mit heißem Tee und Wärmflasche im Bett auskuriert.

Bei einer strukturellen seelischen Störung wie einem voll entwickelten Burnout-Syndrom sind gute Bedingungen auch wichtig, hier reichen die Selbstheilungskräfte aber nicht mehr alleine aus. Dies entspräche auf der körperlichen Erscheinungsebene dem Beispiel eines gebrochenen und fehlgestellten Beinknochens. Sicher sind Bettruhe und Tee auch hier besser als nichts, ein schiefgestellter Knochen muss aber gerichtet werden, damit das Bein wieder heil und funktionsfähig werden kann.

Analog müssen bei einem Burnout durch Beratung und Therapie auch auf der Seelenebene Annahmen über das eigene Selbst, das soziale Umfeld und die Welt als solche neu ausgerichtet werden. Nun gilt es zu lernen, sich Schritt für Schritt darin zu bewegen, anstatt nach einer kurzen oder längeren Krankheitspause in alte Muster zu verfallen und so ins Wanken und Stolpern zu geraten.

Die 12 Stadien von Burnout

Der Begriff »Burnout« wurde erstmals 1974 in einem Aufsatz des deutschamerikanischen Psychologen und Psychoanalytikers Herbert J. Freudenberger (1926–1999) verwendet. Freudenberger formulierte auch ein Verlaufsmodell der Erkrankung in zwölf Stadien:

Stadium 1: Beweisen

Das Verhalten ist geprägt von Begeisterung und hohem Einsatz. Hohe persönliche Erwartungen verstärken den Leistungszwang. Eigene Grenzen werden nur roch vermindert wahrgenommen.

Stadium 2: Einsatz verstärken

Delegieren von Arbeit fällt schwerer und wird als bedrohlich für die eigene Unersetzbarkeit wahrgenommen. Andere sind nicht in der Lage, korrekt zu arbeiten.

Stadium 3: Eigene Bedürfnisse vernachlässigen

Arbeit ist gedanklich und zeitlich vorrangig. Eigene Bedürfnisse, Familie und Freunde werden vernachlässigt, das Verhalten wird aber verstanden und toleriert.

Stadium 4: Konflikte und Fehler verdrängen

Erstmals passieren Unpünktlichkeit und Fehler, diese werden aber verleugnet. Körperliche Symptome treten auf.

Stadium 5: Werte umdeuten

Es ist eine emotionale Abstumpfung zu beobachten, soziale Verpflichtungen sind nur noch belastend. Was früher wichtig war, wird der Situation entsprechend umgedeutet.

Stadium 6: Auftretende Probleme verleugnen

Eigene und fremde Bedürfnisse werden gewohnheitsmäßig verleugnet. Es beginnt der soziale Rückzug. Reaktionen auf normale Anforderungen fallen zynisch und aggressiv aus, Mitmenschen werden falsch beurteilt. Ständige Müdigkeit, Migräne oder andere körperliche Beschwerden manifestieren sich, deutliche Leistungseinschränkungen werden sichtbar.

Stadium 7: Sozialer Rückzug

Aus eigenem Antrieb werden kaum noch soziale Kontakte hergestellt. Bei der Arbeit wird »Dienst nach Vorschrift« gemacht. Orientierungslosigkeit, Hoffnungslosigkeit und Entfremdung sind vorrangig. Ersatzbefriedigungen werden gesucht. Der Leistungsabfall wird selbst bemerkt, die Krise ist deutlich erkennbar.

Stadium 8: Offensichtliche Verhaltensänderung

Verhaltensänderungen werden jetzt deutlich, an der Arbeit wird mit Besessenheit festgehalten. Partner und Freunde, wenn vorhanden, wenden sich, durch Schuldzuweisungen enttäuscht, zunehmend ab.

Stadium 9: Verlust eines Gefühls für die eigene Persönlichkeit

Ein Gefühl für ein eigenes Leben mit eigener Wertschätzung und Wertschätzung anderer verschwindet. Eigentlich besteht Arbeitsunfähigkeit, Hilfe von außen ist spätestens jetzt dringend angezeigt.

Stadium 10: Innere Leere
Gefühle von Sinnlosigkeit und Leere breiten sich aus. Die Müdigkeit, eventuell trotz ausreichendem Schlaf, wird chronisch.

Stadium 11: Schwere Depression
Zu völliger Lust- und Antriebslosigkeit kommen jetzt auch existenzielle Zweifel.

Stadium 12: Völlige Erschöpfung/Burnout
Totale körperliche und seelische Erschöpfung dominieren scheinbar ohne Veränderungsmöglichkeit, es kommt zu suizidalen Gedanken und Handlungen.

Natürlich sind solche Modelle begrenzt in ihrer Aussagekraft. Nicht alle Stadien müssen genau so durchlaufen und erlebt werden. Nicht immer zeigen sich auf allen Verhaltensebenen die gleichen Stadien.

Bei der Beschreibung von Stadien, in denen sich aus einem Erschöpfungszustand ein Burnout entwickelt, ist allerdings ein markanter Punkt, im obigen Modell etwa ab Stadium 7, von großer diagnostischer Bedeutung:

Dort kippt das System Person/Umfeld von einem sogenannten Engelskreis in einen Teufelskreis. Es fällt auf, dass die Fähigkeiten von Einsicht und Selbststeuerung verloren gehen. Dieses Phänomen bietet sich als weiteres Kriterium zur Unterscheidung zwischen einem vorübergehenden Erschöpfungszustand und einem Burnout-Syndrom an.

Burnout – eine Art Depression?

Rüdiger Dahlke schreibt in seinem Buch »Depression – Wege aus der dunklen Nacht der Seele«, es gebe wahrscheinlich nicht die eine Depression, sondern deren sehr viele. Sprachlich schlägt sich dies nieder im Gebrauch von Begriffen wie Trauerdepression, Schwangerschaftsdepression, postnatale Depression bzw. Wochenbettdepression, Erschöpfungsdepression oder Altersdepression.

Unter diesem historischen Blickwinkel ist auch der aktuelle Vorschlag zu verstehen, Burnout als »neue Depression« zu bezeichnen, was sich allerdings nicht durchgesetzt hat und wohl auch nicht durchsetzen wird.

Mein Bild für den Zusammenhang von Depression und Burnout ist folgendes: Die Depression, bildlich als ein Haus vorgestellt, hält für die Kranken, die sich darin aufhalten, je nach Disposition, Lebensalter und -situation verschiedene Zugangswege bereit. Über einer der Gartentüren, durch die ein Weg zum Haus führt, steht »Burnout«.

Burnout und Depression sind also nicht ein und dasselbe. Man kann vereinfacht sagen: Sich ohne Grenzen zu überfordern und auszubrennen ist ein in der heutigen Zeit häufig eingeschlagener und krankmachender Weg, an dessen Ende eine ausgeprägte schwere Depression als Krankheit steht. Das »Haus der Depressionen« kann aber auch über andere Wege erreicht werden. Sosehr sich die Menschen aber, bevor sie eintreten, noch voneinander unterscheiden mögen, in der Mitte des Hauses, das eine schwere Depression repräsentiert, glei-

1

chen sie sich im Erscheinungsbild und Verhalten immer mehr an.

Bei Abhängigkeitserkrankungen lässt sich auch beobachten, dass die Betroffenen sich in fortschreitenden Stadien ihrer Erkrankung in Verhalten und Erscheinungsbild immer ähnlicher werden. Es hat sich für den Umgang mit Sucht bewährt, nach verschiedenen Formen zu unterscheiden (in obigem Bild die Zugangspforten), die in die Sucht führen. Stoffliche und nichtstoffliche Süchte haben eine unterschiedliche Dynamik, Abhängige von legalen Suchtmitteln wie Alkohol und Tabletten meist einen anderen sozialen Kontext als Abhängige illegaler Drogen.

Patienten in einer Klinik wollen das Besondere der eigenen Erkrankung auch im Mitpatienten erkennen können. Dazu gehört gerade beim Burnout-Syndrom die klare und kritische Wahrnehmung der chronischen Selbstüberforderung, die schließlich in die Erkrankung geführt hat.

Aus Sicht der Behandler sind für die Ausrichtung der Behandlung die Entstehung von Erkrankungen und die beobachtbaren Unterschiede sehr wichtig:

Der schon lange chronisch antriebsarme Depressive hat nur selten in seinem Leben wirklich »für etwas gebrannt«. Und wenn, dann ist es schon eine Weile her. Hier ist im Laufe der Behandlung die Aktivierung von Lebensenergie in geeigneter Form als therapeutisches Mittel dringend geboten.

Der durch unmäßig eingesetzte Lebensenergie ausgebrannte Burnout-Patient muss umgekehrt erst den »sachgemäßen« Umgang mit dem eigenen Feuer und seinen Reserven erlernen und bis dahin auch vor der Destruktivität der falsch eingesetzten eigenen Energie geschützt werden. Dies spricht dafür, dass es in Behandlungssettings nicht gut wäre, wenn ein Patient mit Burnout-Syndrom mit ausschließlich chronisch depressiven und antriebsschwachen Mitpatienten in einer Behandlungsgruppe wäre.

Wer als Erkrankter den Ausgang aus dem Haus der Depression hinaus in eine gelungene Individualität finden will, muss zunächst erkennen und verstehen lernen, auf welchem Weg er in das Haus hineingekommen ist.

Meine bisherigen Ausführungen sind auch Argumente, den Begriff »Burnout« trotz seiner Unschärfe weiter beizubehalten und zu benutzen. Mit der Verwendung des Begriffs »Burnout« weisen Berater, Therapeuten oder auch Kliniken seit Jahren auf die spezifische Qualität ihres Behandlungsansatzes hin. Betroffene wissen dann, dass sie dort Mitpatienten treffen, die ähnliche Erfahrungen gemacht haben wie sie selbst. Auch dieses Buch hat seinen Leser sicherlich dadurch gefunden, dass der Titel das Wort »Burnout« enthält.

Um dem komplexen Gesamtbild von Burnout gerecht zu werden, möchte ich drei weitere gesellschaftliche Phänomene beschreiben. Diese lassen, wenn man sich auf die jeweilige Perspektive einlässt, jeweils einen weiteren besonderen Teilaspekt des Burnout-Syndroms hervortreten. Deutlich wird auch, dass ein Burnout als Krankheit nicht ausschließlich im Betroffenen verortet sein kann, wie es etwa bei einem Krebsgeschwür der Fall ist. Vielmehr ist ein Burnout-Syndrom die Summe fehlgesteuerter Kommunikation mit der Umwelt, dem Arbeitsplatz, dem nahen sozialen Umfeld und schließlich innerhalb des eigenen psychischen Systems. Heilung entsteht dann auch nur aus veränderten Kommunikationsmustern und verbesserten Kommunikationsstrukturen. Gerade das macht auch die Nähe von Burnout zum ersten zu beschreibenden Phänomen aus, nämlich der Sucht.

Noch Suche – oder schon Sucht?

1

Bei näherer Betrachtung des Burnout-Syndroms kommt man, wie bereits angeklungen, am Thema Sucht nicht vorbei. Es gibt Parallelen zwischen beiden Phänomenen, und einiges, was wir über Sucht gelernt haben, hilft auch für das Verständnis von Burnout.

Die Geschichte der Sucht als Krankheit ist, analog der Geschichte der Depression, ebenfalls stark durch die jeweiligen historischen Epochen geprägt.

Sucht galt lange als schlechte Angewohnheit und Charakterschwäche. Die Anerkennung als behandlungsbedürftige Krankheit erfolgte in Deutschland erst 1969!

Besonders deutlich wird der Zusammenhang zwischen Burnout und süchtigem Verhalten bei der verbreiteten Verwendung des Begriffs Arbeitssucht. Auch im deutschsprachigen Raum wird ein Arbeitssüchtiger als »Workaholic« bezeichnet, zusammengezogen aus den zwei englischen Begriffen für Arbeit und Alkoholiker.

Für Arbeitssucht werden, etwa von Fritzi Wiessmann, vier Phasen beschrieben.

1. Einleitung

Der Workaholic wird von seiner Arbeit immer mehr eingenommen. In der Freizeit wird viel an die Arbeit gedacht, manchmal auch heimlich gearbeitet. Partner, Kinder, Pflichten und Interessen werden mehr und mehr vernachlässigt.

2. Kritische Phase

Der Süchtige sucht nach Ausreden für den unangemesse-
nen Arbeitseinsatz. Das private Leben wird der Arbeit völlig
untergeordnet. Dennoch reißt der Betroffene Arbeiten an
sich, Zustände von Erschöpfung werden offensichtlich.

3. Chronische Phase

Der Workaholic belastet sich mit allen erreichbaren Aufgaben. Perfektionistisch, wie er ist, glaubt er, dass nur er die
jeweiligen Arbeiten bewältigen kann. Privates Leben ist nun
ohne Bedeutung. Schwere Depressionen, Angst- und Panik-
zustände sowie Herz-Kreislauf-Erkrankungen kommen vor.

4. Endphase

Viele krankhafte Folgen aus dem gezeigten Verhalten kommen jetzt zum Vorschein. Die Leistungsfähigkeit sinkt rapi-
de ab. Workaholics gehen meist mit Mitte fünfzig in Vorru-
hestand und/oder sterben früh.

Tatsächlich kann Überarbeitung tödlich sein, etwa durch
Herzversagen, Herzinfarkt oder Schlaganfall. In Japan be-
zeichnet man diese dort charakteristische Todesursache als
»Karōshi«.

Die vier Phasen dieser Verhaltenssucht erinnern an die
oben beschriebenen Burnout-Stadien. Sie verdeutlichen den
Suchtcharakter, der auch Burnout-Erkrankungen prägt.

So kann ein Burnout-Syndrom auch entsprechend seiner
Suchtdynamik wie folgt definiert werden: Burnout ist das nicht
abwehrbare Verlangen nach einem besonderen Erlebniszu-
stand, nämlich dem Gefühl von Hochleistung, Gebrauchtwer-
den und Perfektion. Diesem Verlangen werden alle Kräfte des
Verstandes und resultierende Emotionen untergeordnet. Burn-

out schränkt die Entfaltung der Persönlichkeit zunehmend ein und zerstört soziale Bindungen sowie soziale Ressourcen eines Menschen.

Evident ist die thematische Nähe zu stoffungebundenen Süchten, also süchtigem Verhalten wie etwa Essstörungen oder Glücksspielsucht.

Beide Suchtformen machen nicht körperlich abhängig, haben aber dennoch das Potenzial, eine betroffene Person und deren soziales Umfeld komplett zu verändern und im Extremfall zu zerstören.

Beim Glücksspieler ist es die zunehmende grenzenlose Verschwendung von Zeit und Geld, die schließlich eine existenzielle Krise herbeiführt. Für den betroffenen Spieler birgt dieses selbstschädigende Verhalten dennoch bis zum Schluss ein subjektives Gefühl von Rausch, Vertrautheit, Entlastung und Sinn.

Bei der Anorexie oder Magersucht, einer besonders gefährlichen Form der Essstörung, ist es ähnlich: Laien, die sich bisher nicht mit dieser Symptomatik befasst haben, erscheint diese Form der Selbstschädigung besonders unverständlich. Der gesunde Blick auf einen magersüchtigen Menschen ergibt für den Betrachter das Bild einer ungesunden und offensichtlichen Unterernährung. Das krankhaft veränderte Selbstbild signalisiert dem Betroffenen selbst aber etwas Gegenteiliges: Ich bin viel zu dick und muss mein Essen weiterhin beschränken und kontrollieren. Neben der körperlichen Bedrohung der Unterernährung bis hin zur Lebensgefahr ist das seelisch so Verheerende an der Magersucht die thematische Reduzierung im alltäglichen Leben: Betroffene verwenden bis zu 80 Prozent und mehr ihrer mentalen Energie und Lebenszeit am Tag für das Kreisen um Fragen nach Kalorien, Essverhalten und dem eigenen Körperbild bzw. Körpergewicht. So unverständlich solches Verhalten von außen erscheinen mag, so entlastend ist es doch gerade für den Betroffenen: Sinn und Struktur eines Tages sind somit vorgegeben. Für Weiteres ist zwar zunehmend keine Zeit und keine Kraft mehr, denn man kreist nur noch in der eigenen fatalen Dynamik. Die Parallelen zu den möglichen und auch ähnlichen Motiven einer Arbeitssucht sind evident: Eine als bedrohlich empfundene Leere, eine verlorene oder nie wirklich entwickelte Identität wird mit einem bestimmten Verhalten gefüllt oder ersetzt. Dieses Verhalten wächst sich allerdings zunehmend zu einem eigenständigen und behandlungsbedürftigen Problem aus.

Um die persönlichen und gesellschaftlichen Aspekte und deren komplexe Wechselwirkungen bei Suchterkrankungen erklären zu können, haben der Suchtforscher Feuerlein und andere 1998 das sogenannte Suchtdreieck in die Diskussion gebracht:

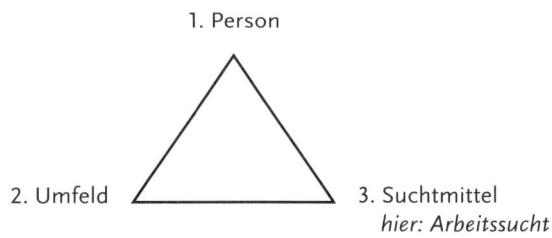

Hiermit sollen die komplexe Entstehung von Süchten und die möglichen und notwendigen Ansatzpunkte für eine sinnvolle Behandlung deutlich gemacht werden. Nehmen wir das übermäßige Arbeiten, wie oben skizziert, als ein Verhalten, das süchtig machen kann. Entsprechend lassen sich mit dem Suchtdreieck auch gültige Aussagen zum Thema Burnout treffen:

1. Die betroffene Person

1

Es kann zunächst von einer persönlichen Disposition für eine entsprechende Störung wie Burnout oder Sucht ausgegangen werden. Außerdem können die Ressourcen und Möglichkeiten einer betroffenen Person, eine solche Erkrankung abzuwehren, unterschiedlich groß sein. Trotz ähnlicher Bedingungen werden ja nicht alle Menschen süchtig oder entwickeln ein Burnout. Bei der Sucht ist es mittlerweile unumstritten, dass ihr Verhalten oft ein Selbstheilungsversuch einer ungelösten, persönlichen und intrapsychischen Thematik ist. Auch ein Burnout-Syndrom hat als solches meist einen langen Vorlauf. Ein entgrenzter und nicht mehr kontrollierbarer (Arbeits-)Einsatz dient unter Umständen den Interessen anderer Menschen, der Kompensation einer unsicheren oder nie richtig entwickelten Identität. Aber auch eine längere Zeit extremer Überforderung kann durch den Verlust von sozialen Kontakten und von entlastendem Freizeitverhalten (Work-Life-Balance) in einen Identitätsverlust münden, der in ein Burnout führen kann. In diesem Fall wird die Rückkehr in ein gesundes Verhalten aber leichter und schneller möglich sein, da eine tragfähige Identität zeitnah einmal vorhanden war.

2. Das soziale Umfeld

Dieses erfährt bei einer therapeutischen Behandlung und Maßnahmen eines guten Selbstmanagements ebenfalls Aufmerksamkeit: Meist muss dieses Umfeld sowohl bei Süchtigen als auch bei Menschen mit Burnout neu reguliert oder gänzlich neu aufgebaut werden. Das Bild von der Work-Life-Balance hat hier seinen Platz als Orientierungshilfe: Das Leben im sozialen Umfeld soll wieder ein gesundes Gegengewicht zur Ar-

beitswelt darstellen und Ort für Entspannung, Sinn und seeli-
sches und körperliches Auftanken sein. Es gilt die sozialen
Kontakte zu pflegen, bei denen man sich auf Augenhöhe mit
Respekt begegnet und bei denen Geben und Nehmen wechsel-
seitig erfolgen.

3. Die jeweiligen Suchtmittel

Der dritte Ansatzpunkt beim Suchtdreieck ist schließlich das
jeweilige Suchtmittel. Im Kontext Burnout betrachten wir hier
die Arbeitssucht als süchtiges Verhalten. Durch die Beobachtung von unterschiedlichen Krankheitsverläufen bei legalen
und illegalen Suchtmitteln berücksichtigt man bei stoffgebun-
denen Süchten in der Wirkung auf die Person die jeweilige
Verfügbarkeit eines Suchtmittels und deren gesellschaftliche
Konnotation, etwa Kriminalisierung. Der Erreichbarkeit eines
Suchtmittels kommt in einer reglementierenden Gesellschaft
eine wichtige Bedeutung zu. Mögen einige illegale und gefährliche Drogen schneller zu schlimmeren Folgen führen als der
Konsum von Alkohol, so ist die viel freiere, alltägliche und le-
gale Verfügbarkeit von Alkohol eine besondere Gefährdung.
Dieser Aspekt ist im Hinblick auf die Arbeitssucht von besonderem Interesse, da Arbeit nun keinesfalls illegal, sondern im
Gegenteil ein gesellschaftlich sehr hoch bewertetes Gut ist.
Angesichts von fünf Millionen Arbeitslosen ist das verständlich. Viel zu arbeiten und sich zu verausgaben wird sozial
meist sehr lange als erwünschtes und durchaus positives Verhalten bestätigt. An diesem Punkt wird die Tücke der Arbeitssucht für den Betroffenen deutlich: Weit davon entfernt, etwas
Illegales oder moralisch Verwerfliches zu tun, kann er lange
vor sich das falsche Selbstbild eines vermeintlich Super-Tüch-
tigen, eine Ersatzidentität, aufrechterhalten. Gleichzeitig ist

der größte Teil des Tages mit so viel Struktur belegt, dass ande-re, eigentlich notwendige soziale Interaktionen und themati-sche Impulse, wenn noch vorhanden, abgewehrt werden kön-nen. Wenn diese nicht (mehr) auftauchen, erfüllt die selbst-schädigende Überanstrengung eine vollständige Stellvertreter-funktion.

Sowohl bei süchtigen Menschen als auch bei Burnout-Persön-lichkeiten ist die Dynamik der Krankheit, dass gewähltes und selbstschädigendes Verhalten mit der Zeit selbst schädlich wirkt: Scham- und Schuldgefühle treten auf, die innere Leere nimmt weiter zu, das selbstschädigende Verhalten muss ent-sprechend verstärkt werden. Die Einsicht in die Fatalität dieses Mechanismus nimmt ab. Sie ist dem Betroffenen auch nicht mehr als Eigenleistung möglich. Motivation zur Veränderung entsteht meist erst durch großen Leistungsdruck oder durch äußere Ereignisse: Arbeitsplatzverlust, Urlaub oder Krankheit mit längerer Arbeitsunfähigkeit.

Süchtiges Verhalten und/oder unbegrenztes Arbeiten verhin-dert ja gerade, dass wir uns Zeit nehmen für die Wahrneh-mung unserer eigenen Bedürfnisse und die positiven und näh-renden Möglichkeiten, die im Kontakt mit unserer Umwelt verborgen liegen und geschöpft werden möchten.

Kehren wir dahin zurück, haben wir wieder wertvolle Zeit und Kraft zur Verfügung für unsere wirklich wichtige Suche:

- nach guten Lebenszielen
- nach Sinn in unserem Leben
- nach unserem wirklichen Selbst

Ausgeglichene Bilanzen – oder Verschuldung?

Wer mehr gibt, als er hat, ist ein Lump!

Sprichwort aus England
(auch Ludwig Erhard zugeschrieben)

Vielen Menschen mit Burnout, die ich berate, ist ihr energetisches Ungleichgewicht gar nicht bewusst. Das bleibt manchmal so, selbst wenn ich ihnen ihre Energiebilanz in übertriebener Deutlichkeit aufzeige. Ich nehme hier als fiktives Beispiel eine berufstätige Frau, verheiratet und Mutter zweier Kinder, und formuliere leicht überspitzt folgende Situation für diese Frau:

- Morgens als Erste aufstehen, Mann und Kinder wecken, diese mit Frühstück und guter Laune versorgen;
- Kinder zur Schule bringen;
- Zur Arbeit fahren und hilfsbereite, nette Kollegin sein, die auch anfallende Mehrarbeit gerne den Kolleginnen abnimmt;
- Mit dem Chef die Mittagspause verbringen, sich seine Sorgen und Nöte anhören, über dessen Anzüglichkeiten hinwegsehen und -fühlen;
- Kinder vom Hort abholen, sich die Sorgen und Nöte von anderen Müttern anhören, desgleichen noch von der Gruppenleiterin im Hort;

- Mit den Kindern nach Hause fahren, bei den Schularbeiten helfen, Abendbrot machen;
- Dabei die Sorgen und Nöte des Ehemanns anhören;
- Kinder ins Bett bringen;
- Mit der kranken Mutter telefonieren;
- Trotz Unlust dem Ehemann eine feurige Geliebte sein, danach unbefriedigt noch zwei Stunden trotz Müdigkeit wach liegen;
- Morgens als Erste wieder aufstehen ...

Auf der »Einnahmenseite« steht:

- Einmal im Monat ausschlafen am Wochenende (vielleicht);
- Einmal im Monat bringt der Mann die Kinder zur Schule (vielleicht);
- Einmal im Monat ein nettes Gespräch mit einer Kollegin am Arbeitsplatz (vielleicht);
- Einmal in drei Monaten ein Lob vom Chef, das auch so gemeint ist (vielleicht);
- Einmal in vier Monaten ein anerkennendes Gespräch mit der Gruppenleiterin im Hort über die Kinder (vielleicht);
- Ab und zu mit der Freundin ein Entlastungsgespräch;
- Einmal in fünf Monaten abends ausgehen (vielleicht);
- Einmal in sechs Monaten schöner Sex, wenn sie selbst auch will (vielleicht);
- Ein paar Mal im Jahr morgens liegen bleiben können, gut und lange schlafen, ein paar Stunden Zeit für sich haben ...

»So geht es doch allen Frauen mit Mann und Kindern«, lautet häufig die Antwort, wenn ich diese Bilanz unausgeglichen finde. »Und außerdem, wie soll es denn anders gehen, ohne mich!« Finden Sie, nebenbei mal gefragt, diesen letzten Satz nicht auch verräterisch? Er zeigt etwas von den heimlichen

Motiven einer Frau, sich so zu verausgaben. So stereotyp diese Bilanz erscheinen mag, sie kommt so oder ähnlich in der Beratungspraxis erschreckend häufig vor (zu »typisch« männlichen Verhaltensmustern siehe S. 70–71). Aber es gibt durchaus auch Männer, die sich, nach entsprechender Sozialisation, ähnlich wie diese Frauen verhalten.

Ich frage Betroffene dann im Stil eines Schuldenberaters, ob sie mit ihrem Geld, mit ihren materiellen Ressourcen ähnlich unklug und verschwenderisch umgehen. Manchmal macht es an dieser Stelle »Klick« bei den Betroffenen.

Zum einen fällt es meist leichter, einen abstrakten und immateriellen Vorgang, hier die psychische Energiebilanz, durch eine materielle Analogie richtig zu begreifen. Als Kinder haben wir früher zum abstrakten Rechnen unsere Finger als materielles Hilfsmittel genutzt – und tun es in manchen Situationen heute noch. Materie ist uns näher als abstrakte Ideen oder unsichtbare Energie.

Zum anderen sind Menschen, die von Burnout bedroht sind, solange die Fassade noch intakt ist, in der Regel eher unterdurchschnittlich von materiellen Nöten betroffen. Hierin zeigt sich ihr Hang zu Perfektion, Akribie und zu einem guten äußeren Image.

Für viele Betroffene ist es wirklich erstaunlich zu sehen, dass sie sich in materiellen und immateriellen Angelegenheiten so unterschiedlich verhalten. Bei Geldthemen fällt es Betroffenen oft leichter, sich abzugrenzen, als in den Währungen Zeit, Energie oder Zuwendung.

Als Menschen der sogenannten Ersten Welt verhalten wir uns aber auch in materiellen Dingen ausbeuterisch. In Deutschland lag die private Verschuldung pro Kopf 2011 bei fast 35.000 Euro. Global gesehen haben die Erstweltländer den Rest der Welt jahrhundertelang systematisch ausgebeutet. Die

Ressourcen und Bodenschätze unserer Erde werden rücksichtslos und ungeachtet der ökologischen Folgen geplündert. All dies ist zwar keine direkte Ursache für Burnout, aber eine Analogie auf höherer Ebene: Wer sich selbst (und auch andere) rücksichtslos ausbeutet, erkennt angesichts der Ausbeutung des Planeten auf allen Ebenen und einer allgegenwärtigen Verschuldung am persönlichen Handeln auch lange nichts Falsches. Fatalerweise hatte man viele Jahre das Gefühl, sich letztlich doch ganz normal und wie zahlreiche andere Mitmenschen zu verhalten.

Und noch ein weiterer Gedanke gehört hierher: Auch wenn viele Menschen heute Skepsis gegenüber dem Glauben haben, werden wir immer noch durch offensichtliche oder verdeckte christliche Normen und Werte geprägt. Als das bekannteste der christlichen Gebote wird gerne das folgende genannt: »Liebe deinen Nächsten!«

Interessanterweise wird es in der heutigen Zeit oft in dieser Weise, also nur zur Hälfte zitiert, denn vollständig heißt es (bei Jacobus 2,8 und an vielen anderen Bibelstellen) immer: »Liebe deinen Nächsten wie dich selbst, so tut ihr wohl.«

Das gerade dieser zweite Teil mit der Selbstliebe in unserer Zeit meist verloren geht, ist alles andere als Zufall. Zur Liebe gehört aber auch die Selbstliebe. Ohne sie bleibt der Mensch als emotionales Wesen unvollständig.

Ganzheitlich orientiert ist hingegen ein jahrhundertealtes Motto der christlichen Seefahrt: »Eine Hand für mich, die andere Hand fürs Schiff!« Was hier zum Ausdruck kommt, ist die Selbstsorge von Menschen, die bei ihrer Arbeit zur Sicherheit ihres eigenen Lebens eine Balance der Liebe zu sich und zu anderem, in diesem Fall: zur Arbeit, halten müssen. Diese Fürsorge fehlt heute sicherlich seitens vieler Arbeitgeber. Gleichzeitig erlebe ich auch Burnout-Persönlichkeiten, die noch immer und trotz Ermahnung von Seiten der Arbeitgeber mit beiden Händen für das Schiff arbeiten und die Fürsorge für sich selbst außer Acht lassen. Und zwar so lange, bis sie, oft aus großer Höhe, fallen und unsanft auf dem Boden der Realität aufschlagen.

Prestige um jeden Preis?

1

*Burnout ist die Krankheit des entfesselten unternehmeri-
schen Selbst, dem ständig eine Zielvereinbarung mit sich
selbst im Nacken sitzt.*

Christof Bartmann

»Jedes Zeitalter hat seine Leitkrankheiten«, schreibt der Philo-
soph Byung-Chul Han in seinem Essay *Müdigkeitsgesellschaft*
(2010): »Neuronale Erkrankungen wie Depression, Aufmerk-
samkeitsdefizit-Hyperaktivitätssyndrom (ADHS), Borderline-
Persönlichkeitsstörung (BPS) oder Burnout-Syndrom (BS) bestimmen die pathologische Landschaft des beginnenden 21.
Jahrhunderts.« Warum ist das so?

Während ich an diesem Kapitel schrieb, brach gerade das
Lügengebäude des früheren Profiradsportlers Lance Armstrong in sich zusammen. Jahrelang hatte er seine Erfolge nur
durch verbotene Dopingmittel erreicht, was er immer abge-
stritten hatte. Armstrong befindet sich in »guter« Gesellschaft:
Nicht nur im Sport haben wir uns daran gewöhnt, dass auf
dem Weg nach oben alle Mittel benutzt werden, auch solche,
die verboten sind. Dem Bundespräsidenten Christian Wulff
genügte es nicht einmal, der erste Mann im Staat zu sein.
Durch Beziehungen und politischen Einfluss wollte er noch
mehr Geld und Vorzüge zusammenraffen, um ... ja wozu ei-

gentlich? Vielleicht auch, um einer inneren Leere zu entgehen, die sich auf diese Weise nicht füllen lässt.

Diverse Doktorarbeiten wurden als Plagiate enttarnt, politische Ämter mussten deshalb aufgegeben werden. Der Manager des FC Bayern München, Uli Hoeneß, spekulierte mit geliehenem Geld und schaffte Millionengewinne am deutschen Finanzamt vorbei in die Schweiz.

Diese verschiedenen und willkürlich zusammengestellten Ereignisse haben in meinen Augen gemeinsam, dass es beim Erreichen von Zielen scheinbar keinerlei Beschränkungen mehr gibt, was die Mittel angeht: Gesetze werden übertreten, moralische Werte ausgeblendet, es wird gelogen und betrogen, solange es geht. Einzige Motivation: Mehr, mehr, mehr ...

Dabei ist es immer noch möglich und lohnend für jeden, einer eigenen Moral zu folgen, einem übergeordneten und sozialverträglichen Sinn und Ziel. Versucht jemand hingegen seine Identitätslücke dadurch zu schließen, dass er sich und andere ausbeutet, eigene und fremde Grenzen nicht respektiert und materielles Wachstum bereits für ein Lebensziel hält – der befindet sich in vermeintlich »bester« Gesellschaft. Auch hier merkt der Betroffene angesichts diverser »Vorbilder« um ihn herum zu lange nicht, dass er sich von seinem eigenen Leben und sozialen Maßstäben völlig entfremdet hat.

Wie die »5 Säulen der Identität« in Teil 3 zeigen, ist Sinn, der durch eigene Werte entsteht, eine von mehreren Größen, die Identität ausmacht. Wenn diese Säule für viele Menschen nicht mehr tragfähig ist, gerät jeder einzelne Betroffene, aber auch die Gesellschaft in eine gefährliche Schieflage und weicht auf Ersatzmittel aus: Erfolg und Leistung um jeden Preis, Gewinn, Konsum, Sucht.

Burnout-Fragebogen: Bin ich gefährdet?

FRAGEBOGEN ZUR ARBEITSBEANSPRUCHUNG

in den vergangenen 4 Wochen

Bitte beantworten Sie nach Ihrem ersten Impuls, bleiben Sie bei Ihrem Gefühl – geben Sie an wie oft in den letzten 4 Wochen die Aussage zutreffend war! Tragen Sie die Punkteanzahl in der Spalte rechts ein und addieren Sie zuletzt!

	Fast nie	Selten	Manchmal	Häufig	Fast die ganze Zeit
1. Ich habe allgemein zuviel Stress in meinem Arbeitsbereich.	1	3	3	4	5
2. Durch meine Arbeit muss ich auf private Kontakte und Freizeitaktivitäten verzichten.	1	3	3	4	5
3. Wie in meinem Unternehmen mit Menschen umgegangen wird kann ich nicht gutheißen.	1	3	3	4	5
4. Ich fühle mich überfordert durch die Anforderungen in der Arbeit.	1	3	3	4	5
5. Ich leide an chronischer Müdigkeit.	1	3	3	4	5
6. Direkter Kontakt mit Menschen, beruflich oder privat belastet mich.	1	3	3	4	5
7. Ich habe das Interesse an meiner Arbeit verloren.	1	3	3	4	5

8. Ich mache mehr Fehler als früher und muss mich dann sehr anstrengen diese wieder gut zu machen.	1	3	3	4	5
9. Ich handle manchmal, so als wäre ich eine Maschine. Ich bin mir selbst fremd.	1	3	3	4	5
10. Die Anliegen und Probleme meiner Mitarbeiter bzw. Kunden berühren mich persönlich deutlich weniger als früher.	1	3	3	4	5
11. Ich mache zynische Bemerkungen über Kunden oder Mitarbeiter.	1	3	3	4	5
12. Wenn ich morgens aufstehe und an meine Arbeit denke, bin ich gleich wieder müde.	1	3	3	4	5
13. Ich fühle mich machtlos, meine Arbeitssituation zu verändern.	1	3	3	4	5
14. Ich bekomme zu wenig Anerkennung, für das was ich leiste.	1	3	3	4	5
15. Auf meine Kollegen und Mitarbeiter kann ich mich nicht verlassen, ich arbeite über weite Bereiche für mich allein.	1	3	3	4	5
16. Wenn ich nach Hause komme fühle ich mich emotional ausgehöhlt.	1	3	3	4	5
17. In Arbeitspausen kann ich nicht abschalten.	1	3	3	4	5
18. Ich bin oft krank, anfällig für körperliche Krankheiten, bzw. Schmerzen.	1	3	3	4	5
19. Ich schlafe schlecht, besonders vor Beginn einer neuen Arbeitswoche.	1	3	3	4	5
20. Ich fühle mich frustriert in meiner Arbeit.	1	3	3	4	5

1

21. Eine oder mehrere der folgenden Eigenschaften treffen auf mich zu: nervös, ängstlich, reizbar, ruhelos.	1	3	3	4	5
22. Meine eigenen körperlichen Bedürfnisse (Essen, Trinken, WC) muss ich hinter die Arbeit reihen.	1	3	3	4	5
23. Ich habe das Gefühl, ich werde im Regen stehen gelassen, von Firma und Kollegen.	1	3	3	4	5
24. Ich fühle mich unfähig meine Arbeit richtig zu machen.	1	3	3	4	5
25. Meine Werte u. das was mir wichtig ist zählen bei meiner Arbeit nicht.	1	3	3	4	5
Summe			....		

Achtung: Dieser Fragebogen ist eine Momentaufnahme. Er hilft Ihnen nicht nur Ihre Arbeitsbelastung einzustufen, sondern er zeigt Ihnen auch in welchen Bereichen zunächst Veränderungen sinnvoll wären.

Machen Sie den Fragbogen nicht nur ein einziges Mal sondern jedes Monat um ihren eigenen Veränderungsprozess zu überprüfen.

Auswertung

Bis 50 Punkte und keine Frage mit 5 beantwortet: alles läuft gut, die Arbeit ist erfüllend und flüssig. Wenn Probleme auftauchen, dann werden diese wahrscheinlich aus anderen Lebensbereichen oder Gesundheitsproblemen kommen und nicht aus dem Arbeitsbereich.

Bis 50 Punkte und/oder max. zwei Fragen mit 5 beantwortet: geringes Burn-Out Risiko.

Sie sind im Fluss Ihrer Arbeit. Aber achten Sie auf die Problembereiche und verändern Sie dort etwas.

51–82 Punkte und/oder drei bis fünf Fragen mit 5 beantwortet: Achtung: beginnende Burn-Out Situation. Verändern Sie zuerst kurzfristig Ihre Arbeitsbelastung und überprüfen Sie in zwei Monaten nochmals die Arbeitsbeanpruchung mit diesem Fragebogen.

Über 83 Punkte und/oder mehr als fünf Fragen mit 5 beantwortet: Es ist dringend Zeit, etwas zu tun, suchen Sie Ihren Betriebsarzt oder Hausarzt auf und berichten Sie ihm über Ihre Probleme.

Wichtig: Ein solcher Fragebogen ist nur ein Spiegel, in den Sie jetzt und für einen Moment schauen. Er ist kein Urteil und ersetzt keinen Arztbesuch für eine fachlich fundierte Diagnose und einen darauf basierenden Behandlungsplan.

Am besten ziehen Sie eine vertraute Person hinzu und besprechen den Selbsttest mit ihr.

Lassen Sie sich eventuell von ihr zu einem notwendigen Arztbesuch begleiten, wenn Ihnen das leichter fällt.

Auch wenn Ihnen diese Entscheidungen vermutlich schwerfallen und wehtun, so haben Sie doch schon den ersten wichti-

1

gen Schritt getan: Sie schauen sich selbst und Ihre Situation so an, wie Sie ist, und übernehmen dafür die Verantwortung.

Viele Menschen denken dann: »Ich bin also schuld!« Aber schauen Sie sich das Wort »Verantwortung« einmal genau an. Darin steckt die Antwort.

Ihr Leben stellt Ihnen jetzt, gerade in einer solchen existenziellen Krise, eine wichtige Frage, vielleicht die wichtigste: Wie willst du eigentlich leben?

Sie können und dürfen nun Ihre persönliche Antwort darauf finden. Das allein meint: Ich übernehme Verantwortung. »Aber was raten Sie mir also? «

Diese Frage wird mir oft gestellt, sie ist verständlich und doch auch tückisch. Wenn Burnout zunehmender Verlust der eigenen Identität bedeutet, dann ist der Wunsch des Betroffenen nach Rat konsequent, denn er selbst fühlt sich vollkommen ratlos. Aber gleichzeitig würde ein Rat von außen zwangsläufig auch die Ohnmacht der Identitätsschwäche beim Betroffenen vergrößern.

Eine Frau mit Burnout, die bereits auf dem Weg der Besserung war, gab mir in der Beratung ein entsprechendes Bild hierzu: »Ich möchte mir nicht mehr diese fremden Hüte aufsetzen, die mir andere immer hinhalten!«, meinte sie voller Empörung. – »Ich werde Ihnen keinen Hut aufsetzen«, antwortete ich ihr: »Aber ich rate Ihnen, sich selbst nach neuen Hüten umzusehen, wo auch immer diese zu finden sind. Probieren Sie Hüte auf, vertrauen Sie auf Ihr Urteil und suchen Sie sich die zu Ihnen passenden Hüte aus. Nur durch eine eigene Wahl erobern Sie sich Schritt für Schritt Ihre eigene Identität zurück!«

Kleine Geschichte des Burnout

Die Beschreibung und Bewertung von Krankheitsbildern hängt stark von den gesellschaftlichen Vorstellungen und Normen der jeweiligen Epoche ab. Für psychische Erkrankungen gilt dies insbesondere.

Was heute in der Regel als Depression diagnostiziert wird, galt im Altertum gemäß der »Körpersäftelehre« als Resultat von übermäßig vorhandener schwarzer Galle, was griechisch »melancholia« genannt wurde. Als Beschreibung von Schwermut besteht der Begriff bis heute in der Alltagssprache fort.

Schon bei Homer liest man von den »schwarzen Wolken des Elends«. Fünfhundert Jahre vor Christus vermutete Hippokrates als Ursache dafür ein organisches Hirnleiden. Hier liegt die Wurzel der bis heute andauernden Polarisierung: Die Nachfolger des Hippokrates sprechen sich inzwischen für eine psychiatrische und medikamentöse Behandlung depressiver Zustände aus. Die Gegenposition zu Hippokrates vertraten die Philosophen Sokrates und Platon, deren Nachfolger heute eine Psychotherapie auf geistes- und sozialwissenschaftlicher Grundlage befürworten. Aristoteles versuchte die scheinbaren Gegensätze zu verbinden und schuf so die Grundlagen einer Psycho-Somatik, die beiden Sichtweisen gerecht werden will.

Im 1. Jahrhundert nach Christus wurde durch Menodotos von Nikomachien eine geradezu modern anmutende Therapie gegen Melancholie vorgeschlagen: Reisen, Gymnastik, Mineralwasserkur und Massagen, ergänzt durch psychologische Selbst-Erforschung. Sein Zeitgenosse Rufus von Ephesos bezeichnete zu viel Fleisch und Alkohol bei geistiger Überanstrengung und Bewegungsmangel als Ursachen von Melancholie, was manche Behandelnde bis heute ebenso sehen.

Auch »Burnout« im Sinne von Müdigkeit, Erschöpfung und Ausgebranntsein ist so alt wie die Menschheit selbst und gehört zum Menschsein prinzipiell dazu: So erwähnt die Bibel immer wieder des Propheten Elias Müdigkeit und Leere nach großen Anstrengungen (siehe etwa: Erstes Buch der Könige 19). Als Gründe von Elias' Erschöpfung werden Symptome genannt, die bis heute verbreitet sind:

- sehr hohe Erwartungen eines Helfers
- subjektive, aber auch objektive Überforderung
- Erfahrungen von Erfolg und Misserfolg
- gesellschaftliche und ökonomische Einflüsse
- Verkennung von Geboten und Zuspruch Gottes

Hier folgen nun die erstaunlich zeitlos wirkenden Ratschläge und Hilfsangebote, die Elias der Bibel zufolge erfuhr, als er sich auf die Wirklichkeit seines Leidens einlassen konnte:

- die Arbeit ruhen lassen
- Fürsorge von anderen erfahren
- Abstand zur Arbeit gewinnen
- neue Weltsicht, verändertes Gottesbild
- Aufgaben eingrenzen
- Unterstützung von anderen und Austausch

Fast 1000 Jahre später schreibt Bernhard von Clairvaux (1091–1153), französischer Zisterzienser-Abt und Theologe:

Wenn Du Dein ganzes Leben und Erleben völlig ins Tätigsein verlegst und keinen Raum mehr für die Besinnung vorsiehst, soll ich Dich da loben? Darin lobe ich Dich nicht.

Ich glaube, niemand wird Dich loben, der das Wort Salomos kennt:

Wer seine Tätigkeit einschränkt, erlangt Weisheit (Jesus Sirach 38,25). Und bestimmt ist es der Tätigkeit selbst nicht förderlich, wenn ihr nicht die Besinnung vorausgeht.

Wenn Du ganz und gar für alle da sein willst, nach dem Beispiel dessen, der allen alles geworden ist (1. Korinther 9,22), lobe ich Deine Menschlichkeit – aber nur, wenn sie voll und echt ist. Wie kannst Du aber voll und echt Mensch sein, wenn Du Dich selbst verloren hast? Auch Du bist ein Mensch. Damit Deine Menschlichkeit allumfassend und vollkommen sein kann, musst Du also nicht nur für alle andern, sondern auch für Dich selbst ein aufmerksames Herz haben. Denn was würde es Dir sonst nützen, wenn Du – nach dem Wort des Herrn (Matthäus 16, 26) alle gewinnen, aber als Einzigen Dich selbst verlieren würdest? Wenn also alle Menschen ein Recht auf Dich haben, dann sei auch Du selbst ein Mensch, der ein Recht auf sich selbst hat. Warum solltest einzig Du selbst nichts von Dir haben? Wie lange bist Du noch ein Geist, der auszieht und nie wieder heimkehrt (Psalm 78,39)? Wie lange noch schenkst Du allen andern Deine Aufmerksamkeit, nur nicht Dir selber? Du fühlst Dich Weisen und Narren verpflichtet und verkennst einzig Dir selbst gegenüber Deine Verpflichtung? Narr und Weiser, Knecht und Freier, Reicher und Armer, Mann und Frau, Greis und junger Mann, Kleriker und Laie, Gerechter und Gottloser – alle schöpfen aus Deinem Herzen wie aus einem öffentlichen Brunnen, und Du selbst stehst durstig abseits?[2]

---

2   Bernhard von Clairvaux: *Gotteserfahrung und Weg in die Welt.* Hg. v. B. Schellenberger, Otto Walter Verlag, Olten 1982.

Im Mittelalter führte der immer stärker werdende Einfluss der katholischen Kirche zu einer Umdeutung der melancholischen Wesensart: Schwermut galt auf einmal als eine Strafe Gottes.

Die Renaissance hingegen verklärte die Melancholie und sah in den genialen Leistungen schwermütiger Künstler und Wissenschaftler eine Nähe zum Göttlichen – und in ihrem psychischen Leiden den Preis, der dafür zu zahlen war. Je vernunftorientierter die Renaissance wurde, desto mehr wurde Schwermut zur Mode. Figuren wie Shakespeares Hamlet oder sein Jacques aus *Wie es euch gefällt* machten melancholische Gefühle nach und nach salonfähig. Goethes Roman *Die Leiden des jungen Werthers* (1774), dessen manisch-depressiver Held sich erschießt, wurde zu einem europaweiten Bestseller und löste eine Suizid-Welle aus. Eine Generation später waren Melancholie, Sehnsucht und Weltschmerz (ein Wort, das andere Sprachen so aus dem Deutschen übernehmen) durch die romantischen Dichter in aller Munde.

Parallel dazu wurde das kausale Denken seit dem 17. Jahrhundert immer dominanter, was zur Folge hatte, dass Melancholiker als Objekte für neue, oft fragwürdige Behandlungsmethoden herangezogen wurden: So steckte man sie in »Asyle für Irre«, zum Teil in Zwangsjacken. Dort wurden sie zum Erbrechen gebracht oder in Ohnmacht versetzt, man schlug und quälte sie. Der Begriff Depression, der 1660 in England für das Krankheitsbild der Niedergeschlagenheit aufkam, wurde ab Mitte des 19. Jahrhunderts allgemein verwendet.

Unsere moderne Auffassung von Depression als einer Krankheit des Geistes beginnt um 1895 mit Emil Kraeplins Einteilung seelischer Krankheitsbilder und Sigmund Freuds Aufsatz »Trauer und Melancholie« (1917). Der Begriff »Burnout« wurde erst 1974 von Herbert J. Freudenberger geprägt. In der Romanliteratur finden wir die Symptome aber schon um die Jahrhundertwende in Thomas Manns *Buddenbrooks* (1901):

Die phantasievolle Schwungkraft, der muntere Idealismus seiner Jugend waren dahin. Im Spiele zu arbeiten und mit der Arbeit zu spielen, mit einem halb ernst, halb spaßhaft gemeinten Ehrgeiz nach Zielen zu streben, denen man nur einen Gleichniswert zuerkennt – zu solchen heiter-skeptischen Kompromissen und geistreichen Halbwahrheiten gehört Frische, Humor und guter Mut; aber Thomas Buddenbrook fühlte sich unaussprechlich müde und verdrossen. Was für ihn zu erreichen gewesen war, hatte er schon erreicht, und er wusste wohl, dass er den Höhepunkt seines Lebens, wenn überhaupt, wie er bei sich hinzufügte, bei einem so mittelmäßigen und niedrigen Leben von einem Höhepunkt die Rede sein konnte, längst überschritten hatte. [...] Jede Aktion, jedes Wort, jede Bewegung unter Menschen war zu einer anstrengenden und aufreibenden Schauspielerei geworden.[3]

---

3   Thomas Mann: *Buddenbrooks. Verfall einer Familie.* Frankfurt am Main 2008, S. 672.

»Burnout« – als Krankheitsbegriff umstritten

1

Burnout ist bis heute vor allem ein Wortbild geblieben: Viel gebraucht und sicherlich auch häufig missbraucht, nicht eindeutig wissenschaftlich definiert und letztlich formal nicht wirklich als Krankheitsbegriff anerkannt. Am Ende des in Deutschland gebräuchlichen ICD 10 (International Statistical Classification of Diseases and Related Health Problems) steht unter Z 73 eher verschämt: »Probleme mit Bezug auf Schwierigkeiten bei der Lebensgestaltung«. Bei Z 3.0 heißt es dann:

> › Akzentuierung von Persönlichkeitszügen
> › Ausgebranntsein (Burnout)
> › Einschränkung von Aktivitäten durch Behinderung
> › Körperliche oder psychische Belastung o n. A.
> › Mangel an Entspannung oder Freizeit
> › Sozialer Rollenkonflikt, anderenorts nicht klassifiziert
> › Stress, anderenort nicht klassifiziert
> › Unzulängliche soziale Fähigkeiten, anderenorts nicht klassifiziert
> › Zustand der totalen Erschöpfung

Unter Z sind Faktoren erfasst, die den Gesundheitszustand beeinflussen und zur Inanspruchnahme des Gesundheitswesens führen.

Aber dieses Ausgrenzen von Krankheiten hat es in der Moderne schon öfter gegeben und ist keine besondere Eigenschaft der Wortschöpfung »Burnout«. Solche Praxis verweist auf die besondere Zeitqualität unserer Epoche im Umgang mit Krankheitssymptomen, gesellschaftlichen Interessen und Zuschreibungen auch im Sinne von Macht, Disziplinierung und Vermarktung.

Was wir bisher daraus lernen konnten, ist, dass es immer bestimmte gesellschaftliche Bedingungen gibt, die einen Nährboden für entsprechende Krankheiten und Symptome bzw. den Umgang mit diesen bereiten. Was uns dabei aber meist nicht klar wurde: Immer entscheidet auch der gesellschaftliche Diskurs mit darüber, was jeweils als Krankheit anerkannt, behandlungswürdig oder Mode(diagnose) ist – oder eben auch nicht.

Die Lese-Rechtschreib-Schwäche Legasthenie zum Beispiel hat es mit mehr Eindeutigkeit in das »Internationale Klassifizierungssystem der Krankheiten« (ICD) der Weltgesundheitsorganisation WHO geschafft, blieb aber als diagnostischer Begriff weiterhin umstritten.

Ein Beispiel hierfür: In Großbritannien sprach man 2005 in einer Fernsehsendung vom »Mythos Legasthenie«, der als tarnender Mantel über schlichte Faulheit und Dummheit lernschwacher Kinder gelegt würde. Eine Welle der Aufregung schwappte durch das Land, die schließlich das britische Parlament erreichte. Der damalige Erziehungsminister Lord Adonis verteidigte letztlich öffentlich den Krankheitsbegriff der Legasthenie, was die Diskussion wieder beruhigte.

Ähnliches ist beim Umgang mit dem Aufmerksamkeitsdefizit-Syndrom ADHS zu beobachten. Dieses ist zwar auch seit 1978 als Krankheitsbegriff im ICD klassifiziert, die Kritik am Umgang mit der Diagnose hält aber dennoch bis heute an.

Drehte sich bei der Legasthenie die Diskussion noch um die gesellschaftliche Wertung, so werden beim Umgang mit ADHS auch kapitalistische Interessen angeprangert. In den

USA hatte man nämlich festgestellt, dass die Hälfte aller Autoren, die im für die USA maßgeblichen Diagnosehandbuch DSM Kapitel über ADHS veröffentlicht hatten, von der Pharmaindustrie finanziert worden waren. Die Pharmaindustrie hatte sich eine möglichst breitgefächerte Diagnose ADHS sozusagen käuflich erworben, um den Verkauf ihrer vermeintlich hilfreichen Medikamente zu sichern und anzukurbeln.

Ein letztes Beispiel für die Verflechtung von Krankheitsbewertung und gesellschaftlichen Interessen und Werten: Für Menschen, die physisch oder psychisch beeinträchtigt sind, wird in Deutschland nach Antrag ein Grad der Behinderung (GdB) von 20 bis 100 vergeben (Praktisches hierzu finden Sie in Teil 4). Je höher der Grad, umso größer sind die daraus resultierenden Möglichkeiten und Leistungen. Durch Neuregelungen ist dieses medizinische Gutachterverfahren auch rechtlich fundiert worden. Ob dadurch eine größere Objektivität entsteht, bleibt zweifelhaft. Schließlich müssen die Ausgleichsleistungen für Behinderte aus Steuermitteln finanziert werden, und wenn diese Mittel knapp werden, wird zwangsläufig auch der Zugang dazu erschwert. Der Sparzwang wird mit eingebaut.

Ein weiterer Aspekt: Ohne Bezug zum menschlichen Alltag bleibt ein Behinderungsgrad, der nur an einer diagnostizierten Krankheit gemessen wird, ohne praktische Aussagekraft. Der Begriff der Teilhabe wurde daher berechtigt mit einbezogen. Entscheidend für einen Grad der Behinderung soll jetzt vor allem das Ausmaß der tatsächlichen Einschränkung im Alltag sein, die eine physische oder psychische Behinderung für den Betroffenen darstellt.

In der Tat: Nur anhand der Diagnose von erlittenen Bandscheibenvorfällen gemessen, müssten viele Spieler der deutschen Handballnationalmannschaft einen GdB bekommen. Die Teilhabe am Leben dürfte aber bei weiterhin aktiven Hochleistungssportlern nicht eingeschränkt sein, und ein GdB wäre dann nicht sinnvoll und gerechtfertigt. Auch die Situation des querschnittsgelähmten und auf den Rollstuhl angewiesenen Politikers Wolfgang Schäuble dürfte, was Teilhabe angeht, zumindest während seiner politischen Amtszeit durch Privilegien seines Amtes besser sein als die eines arbeitslosen Hartz-IV-Empfängers in gleicher körperlicher Lage.

Im Hinblick auf die Diagnose Burnout werden anhand dieser Beispiele drei Dinge klar:

- Krankheit ist als Begrifflichkeit, Wertung und im Umgang immer ein gesellschaftliches Konstrukt. Hier fließen stets die jeweils aktuellen gesellschaftlichen Normen ein. Bei Betrachtung des öffentlichen Umgangs mit einer Krankheit erfahren wir oft mehr über unser aktuelles gesellschaftliches Wertesystem als über die Krankheit selbst.

- Es gibt, sosehr man sich das als Betroffener, Angehöriger oder Helfer im Gesundheitssystem auch wünschen mag, auch in Sachen Burnout keine eindeutige diagnostische Sicherheit und objektive wissenschaftliche Klarheit. Eine Studie des Bundesministeriums für Gesundheit kommt 2010 nach Auswertung von 36 Datenbanken mit hunderten Burnout-Publikationen seit 2004 zu dem Ergebnis: Es gibt bisher kein standardisiertes, allgemeines und internationales Vorgehen, um Burnout zu diagnostizieren, weitere hochwertige Studien seien nötig.

- Für den Umgang mit der eigenen Erkrankung ist es daher umso entscheidender, wie ich sie als Betroffener selbst wahrnehme, benenne und bewerte:
  - Was löst die jeweilige Symptomatik und der Umgang damit in mir aus?
  - Was machen die verwendeten Fachbegriffe mit mir?

1

- Welche Bilder entstehen in mir und welche Bewertungen nehme ich vor?
- Welche Begriffe benutze ich daher selbst und warum?
- Wie nehme ich in diesem Kontext mein soziales Umfeld, meinen behandelnden Arzt und andere therapeutische Behandler wahr?

Das soziale Umfeld ist für viele vom Burnout-Syndrom Betroffene meist der zusätzliche Verstärker eines negativen und selbstschädigenden Umgangs mit Krankheit: Kranksein wird oft als definitiv schlecht angesehen, als Zeichen persönlicher Schwäche gedeutet und muss daher konsequent vermieden, verleugnet und, wenn nicht anders möglich, überspielt werden. Es ist daher für die Arbeit an der eigenen Gesundung sehr von Vorteil, den bisherigen eigenen Krankheitsbegriff und die vorgenommene Bewertung von Krankheit zu verstehen und bei Bedarf zum eigenen Wohl zu verändern.

Fazit

Die wichtigste Frage für die Weichenstellung des nachfolgenden Umgangs mit einer eventuellen Burnout-Erkrankung ist: »Besteht ein Erschöpfungszustand oder bereits ein Burnout-Syndrom?«

Hier die Kriterien zur Unterscheidung noch einmal im Überblick:

	ERSCHÖPFUNG	BURNOUT
Ressourcen/Reserven	noch vorhanden und aktivierbar	verbraucht oder nicht aktivierbar
Krankheitseinsicht	vorhanden	eher nicht vorhanden
Vermeintliche Ursache	benennbare belastende Umstände	neben belastenden Umständen psychische Mechanismen: Perfektionismus, Schuld, »schlechtes Gewissen« usw.
Selbststeuerung	noch möglich	ohne professionelle Hilfe kaum mehr möglich
Selbstwahrnehmung	noch realistisch, lässt Ambivalenzen zu: »sowohl als auch«	verzerrt, unrealistisch, ideologisch: »entweder – oder« »alles oder nichts«
Wesen/Persönlichkeit	noch erkennbar	kaum mehr erkennbar
Engels- bzw. Teufelskreis	noch Engelskreis	Teufelskreis

Soziales Verhalten und Kontakte	belastet, aber noch kontaktfähig, Ratschläge können angenommen und eventuell auch umgesetzt werden	zurückgezogen, mitunter auch aggressiv, Ratschläge werden nicht mehr angenommen oder umgesetzt, im Verhalten manchmal entwertend
»Auszeit«: Wochenende, Urlaub, Krankschreibung	wird positiv erlebt, Zustand bessert sich	wird negativ erlebt, Zustand wird schlechter
Eigene Identität	stützt sich auf verschiedene Instanzen, z. B. Freunde, Hobbys, Sinn, Beruf ...	beruht nur auf Arbeit und Leistung

Die Unterscheidung, ob eine Erschöpfung oder ein Burnout vorliegt, sollte immer mit einem Arzt und, wenn möglich, einer Person des Vertrauens vorgenommen und besprochen werden.

Für die Entwicklung eines Burnout-Syndroms gibt es häufig eine psychische Disposition, resultierend aus der persönlichen Biografie (siehe S. 195–197).

Aber: Jeder Erschöpfungszustand kann, wenn er unbeachtet und unbehandelt bleibt und länger fortbesteht, durch die psychosozialen Folgen zu einem Burnout-Syndrom führen. Daher verdient jede Art der Erschöpfung Aufmerksamkeit und Diagnostik, eine veränderte Selbststeuerung und eventuell auch eine geeignete Form der Behandlung.

Es sollte immer ein Fachmann zurate gezogen werden, da die Selbstwahrnehmung, wie gezeigt, mitunter eingeschränkt und somit trügerisch ist.

Außerdem: Der Blick auf den allgemeinen Umgang mit Krankheitsbegriffen (siehe S. 50–59) hat deutlich gemacht, dass es wichtig, ist die eigene Begriffsbildung zu verstehen.

Wenn Sie Ihre eigene Symptomatik benennen oder Benennungen von anderen übernehmen, etwa Ärzten oder aus Ihrem Umfeld, nehmen Sie jeweils eine Wertung vor. Und diese bestimmt Ihren Umgang mit der Krankheit. Achten Sie daher auf die Begriffe, die Sie verwenden. Wenn diese selbstzerstörerisch, klagend und nicht wertschätzend Ihren eigenen Möglichkeiten gegenüber sind, geben Sie diese auf. Benennen Sie Ihre Erkrankung für sich selbst in einer Art, die Ihnen in positivem Sinne entspricht.

Für ein gutes Selbstverständnis der verschiedenen Facetten von Burnout ist es hilfreich, sich auch mit Depression und Sucht auseinanderzusetzen (siehe S. 28–37).

Blick nach vorn

1

- Welche Einstellung habe ich zu Krankheiten, besonders zu den eigenen, und warum?

- Was hat mir bisher geholfen, gesund zu bleiben?

- Was ließ mich bisher mit eigenen Krankheiten gut umgehen?

- Wen kann ich jetzt um Hilfe und Unterstützung bitten?

- Wie benenne ich selbst meine aktuelle Krise?

- Welche Gedanken und Gefühle lösen die Wörter »Burnout«, »Depression« und »Sucht« bei mir aus? Warum?

2

Wie erhalte ich Hilfe?

Wege in eine **Behandlung**

Orientierung

Gesundung · **Behandlung**

Selbstmanagement

Der Mensch, der krank im Bette liegt, kommt mitunter dahinter, dass er für gewöhnlich an seinem Amte, Geschäfte oder an seiner Gesellschaft krank ist und durch sie jede Besonnenheit verloren hat: er gewinnt diese Weisheit aus der Muße, zu welcher ihn seine Krankheit zwingt.

Friedrich Nietzsche (1844–1900)

Wegweiser bei Arbeitsunfähigkeit (Übersicht)

2

Eine längere Erkrankung mit Arbeitsunfähigkeit ist für den Erkrankten verunsichernd. Das Schema auf der folgenden Seite zeigt, welche Konsequenzen dies für die Einkommens- als auch Arbeitssituation haben kann.

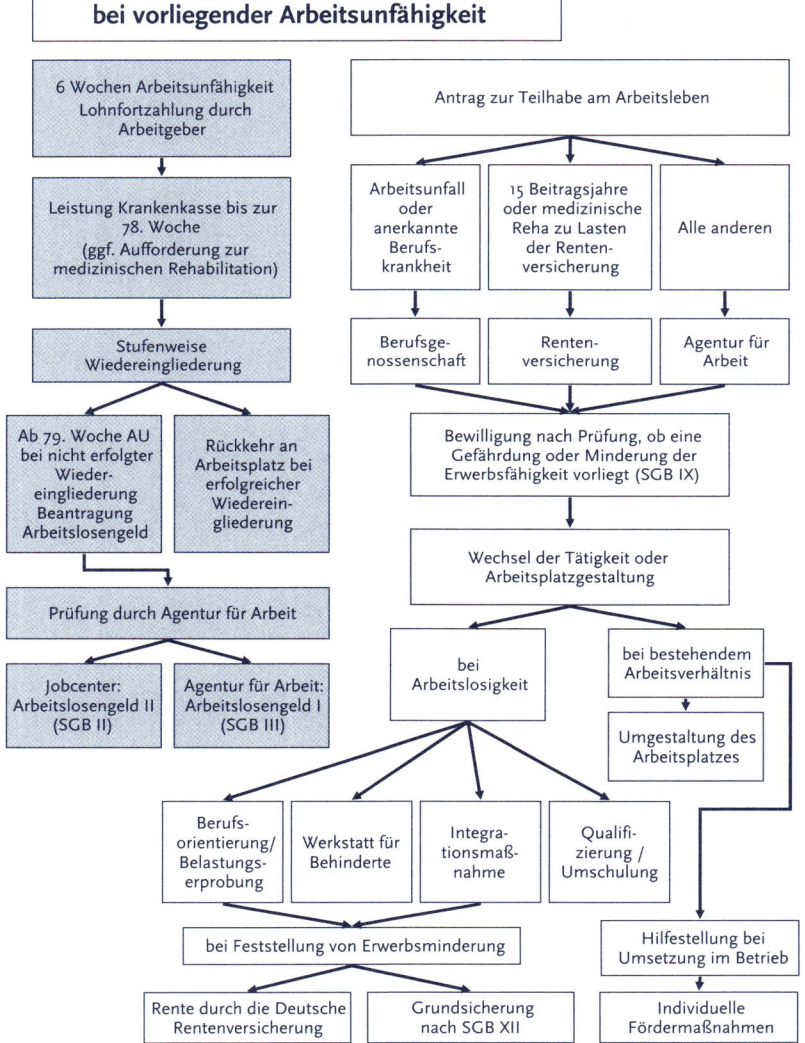

Wegweiser / Übersicht bei vorliegender Arbeitsunfähigkeit

6 Wochen Arbeitsunfähigkeit Lohnfortzahlung durch Arbeitgeber

Leistung Krankenkasse bis zur 78. Woche (ggf. Aufforderung zur medizinischen Rehabilitation)

Stufenweise Wiedereingliederung

Ab 79. Woche AU bei nicht erfolgter Wiedereingliederung Beantragung Arbeitslosengeld

Rückkehr an Arbeitsplatz bei erfolgreicher Wiedereingliederung

Prüfung durch Agentur für Arbeit

Jobcenter: Arbeitslosengeld II (SGB II)

Agentur für Arbeit: Arbeitslosengeld I (SGB III)

Antrag zur Teilhabe am Arbeitsleben

Arbeitsunfall oder anerkannte Berufskrankheit

15 Beitragsjahre oder medizinische Reha zu Lasten der Rentenversicherung

Alle anderen

Berufsgenossenschaft

Rentenversicherung

Agentur für Arbeit

Bewilligung nach Prüfung, ob eine Gefährdung oder Minderung der Erwerbsfähigkeit vorliegt (SGB IX)

Wechsel der Tätigkeit oder Arbeitsplatzgestaltung

bei Arbeitslosigkeit

bei bestehendem Arbeitsverhältnis

Umgestaltung des Arbeitsplatzes

Berufsorientierung/ Belastungserprobung

Werkstatt für Behinderte

Integrationsmaßnahme

Qualifizierung / Umschulung

bei Feststellung von Erwerbsminderung

Hilfestellung bei Umsetzung im Betrieb

Rente durch die Deutsche Rentenversicherung

Grundsicherung nach SGB XII

Individuelle Fördermaßnahmen

Quelle: PSAG Düsseldorf

Der Gang zum Hausarzt

2

Wer von Burnout bedroht oder betroffen ist, braucht dringend fachliche Diagnostik, Beratung und Behandlung. Dies aus mehreren Gründen:

1. Im ärztlichen Gespräch sollte eine diagnostische Einschätzung seitens eines medizinischen Fachmanns stattfinden. Die Selbsteinschätzung von Betroffenen ist wegen der Erkrankung mitunter deutlich eingeschränkt. Viele stehen unter so hohem Druck, dass schon der Gang zum Arzt schwerfällt und manchmal nur auf Druck und in Begleitung einer Vertrauensperson zustande kommt. Dass ein Arzt den Burnout-Patienten manchmal auch gegen dessen Wunsch mit einer Krankschreibung »erst einmal aus dem Verkehr zieht«, hört sich nach einem Klischee an, ist aber oft der Fall und häufig der erste Schritt zur Heilung bzw. Rettung.

2. Burnout-Persönlichkeiten brauchen gerade in dieser Phase der Bewusstwerdung ihrer Problematik Orientierung und Führung. Wichtig ist jetzt, von fachlicher Seite Anregungen zu bekommen, was nun zu tun ist, zu wissen, dass man mit einer solchen Thematik nicht alleine dasteht und man je nach Schweregrad der Erkrankung Wochen bzw. Monate Geduld haben muss, um einen wirklich tiefgreifenden inneren und äußeren Wandlungsprozess zu durchlaufen.

3. Auch ein Gesundheitscheck sollte jetzt durchgeführt werden. Eventuell haben sich bereits auf der körperlichen Ebene Krankheitssymptome manifestiert, die noch nicht diagnostiziert oder behandelt sind: Bluthochdruck, Tinnitus,
Herzprobleme, Beschwerden im Magen- und Darmbereich
und so weiter. Es gibt Erkrankungen, etwa an der Schild-
drüse, die durch Hormonstörungen Symptome verursachen, die jenen einer Depression oder Erschöpfung sehr
ähneln. Mitunter ist auch die Behandlung bereits bekann-
ter Erkrankungen vernachlässigt worden im zunehmenden
Tunnelblick der Menschen mit Burnout.

Im Extremfall sollte der Arzt sofort eine Notmedikation beginnen und einen Patienten in schlechtem Zustand direkt in das
zuständige nächste Krankenhaus einweisen. Hierzu zwei Beispiele:

»Psychokram«

*Siegfried Tanner (aus Teil 1) kehrte gegen den Rat seines
Arztes zwei Wochen nach unserem Beratungsgespräch wieder an seinen Arbeitsplatz zurück. Nach einer subjektiv als
Hochphase erlebten Zeit von drei Wochen brach Herr Tanner am Arbeitsplatz zusammen. Die Symptome deuteten
auf einen Herzinfarkt hin. Dieser Verdacht wurde nach
einem Notarzttransport in das nächste Schwerpunktkran-
kenhaus zwar nicht bestätigt, aber ein Angina-Pectoris-
Anfall diagnostiziert – die Vorstufe eines eventuell drohen-
den Herzinfarkts. Außerdem stellten die Ärzte einen extremen seelischen und körperlichen Erschöpfungszustand fest,
der Herrn Tanner nach ein paar Tagen in der Klinik
schließlich selbst bewusst wurde. Erst ab diesem Zeitpunkt*

zeigte sich Herr Tanner einsichtig bezüglich seines Burn-
out und möglicher nächster Behandlungsschritte.

Dies ist eine typische Männer-Geschichte, die zeigt, dass
manchmal erst eine bedrohliche körperliche Symptomatik
dem Betroffenen den Blick auf seinen Gesamtzustand öffnet.
Dieser Verlauf ist bei Männern häufiger als bei Frauen, denen
ihre Sozialisation meist eher erlaubt, sich selbst und eigene
Krisen zu thematisieren. Männer sollen auch heute noch per
se stark sein. Da sie auch eher dazu neigen, zu rationalisieren,
und nur Fakten (keinen »Psychokram«) als Probleme anerken-
nen, geht der Weg oft zwangsläufig über die Somatisierung:
Erst ein starkes, nicht mehr unterdrückbares körperliches
Symptom, das als ernsthafte Bedrohung wahrgenommen
wird, erreicht, dass Mann die Aufmerksamkeit auf den eigenen Zustand lenken kann und darf.

Höchste Zeit

Gunther Strebel (aus Teil 1) vereinbarte auf mein Drängen
hin noch in meinem Beratungsbüro einen Akuttermin bei
seinem behandelnden Arzt. Der fand wenige Stunden spä-
ter statt und führte zur sofortigen Einweisung auf eine psy-
chiatrische Station des zuständigen Krankenhauses. Es
bestand akute Suizidgefahr. Nach wenigen Tagen war der
schlimmste Teil der Krise überstanden und Herr Strebel
war bereit, sich in ein Fachkrankenhaus verlegen zu lassen,
das sich über mehrere Wochen der Behandlung seiner
schweren Depression annahm.

Natürlich ist so ein dramatischer Verlauf für die Betroffenen
und Angehörigen zunächst ein Schock. Keiner möchte gerne

plötzlich ins Krankenhaus eingewiesen werden, vor allem nicht in eine psychiatrische Abteilung, und ein vom Perfektionsanspruch getriebener Leistungsmensch schon gar nicht. In diesem Fall waren das schnelle Handeln und die sofort eingeleitete stationäre Behandlung eventuell lebensrettend.

Für Außenstehende ist es wichtig, sich auch von einer verweigernden Haltung der Burnout-Persönlichkeit nicht irritieren zu lassen. Hier ist eine ärztliche Betreuung mitunter weichenstellend. Zum einen ist der Arzt in solchen Fällen eine anerkannte fachliche Autorität. Zum anderen gelingt es einem guten Arzt leichter, mit dem einsichtigen Persönlichkeitsanteil von Menschen mit Burnout in Kontakt zu treten und so dessen Bedenken gegen eine notwendige Behandlung aufzuweichen. Angehörige sollten sich dann auch nicht grämen, dass den Ärzten oder psychologischen Beratern manchmal in wenigen Minuten eine Motivation des Betroffenen gelingt, was den Angehörigen in Wochen und Monaten vorher eventuell verwehrt geblieben war. Ein gezieltes Einwirken ist Außenstehenden mit fachlichem Auftrag meist leichter möglich als Angehörigen, die im persönlichen Bezug systemisch verstrickt sind.

Ein Vorteil für den Betroffenen ist, dass ein großer Medizincheck in einem Krankenhaus einfacher und schneller durchführbar ist, als wenn dafür ambulant mehrere Arztpraxen aufgesucht werden müssten, von Wartezeiten bei der Terminvergabe ganz zu schweigen.

Die geeignete erste Anlaufstelle ist im Idealfall ein Hausarzt, der den Versicherten kennt. Ansonsten ist jeder praktische Arzt, Allgemeinmediziner oder auch Internist geeignet.

2

Schützen Sie Ihre Privatsphäre

Von einer Arbeitsunfähigkeitsbescheinigung (»Gelber Schein«) geht in den ersten sechs Wochen ein Teil an den Arbeitgeber, der aber keinerlei Diagnose enthält. Dies dient dem Schutz des Arbeitnehmers, dass nicht ohne sein Einverständnis ein Arbeitgeber Details der Erkrankung erfährt. Wenn Ihnen das wichtig ist, sollte eine solche erste Arbeitsunfähigkeitsbescheinigung nicht von einem Psychiater oder Neurologen kommen, denn schon der entsprechende Arztstempel auf der Bescheinigung gibt dem Arbeitgeber einen Hinweis auf eine psychische Erkrankung.

Der Hausarzt sollte die Weiterbehandlung planen und zügig durch eine geeignete Überweisung (etwa zum Facharzt, zur Psychotherapie oder in eine Fachklinik) in die Wege leiten. Hier sollte keine Zeit verloren werden, denn es kommt später im Verlauf der konkreten Suche nach geeigneten Behandlungsmöglichkeiten oft noch zu unumgänglichen Wartezeiten.

Wann zum Facharzt?

Der geeignete Facharzt für psychische Erkrankungen ist der Psychiater, Neurologe oder Facharzt für Nervenheilkunde. Aus folgenden Gründen ist seine Hinzuziehung nach einer gewissen Zeit sinnvoll:

- Der Hausarzt kann eine Krankschreibung mit psychischer Diagnose für wenige Wochen vornehmen. Erfolgt keine Besserung, sollte der Facharzt ergänzend in Anspruch genommen werden.
- Der Facharzt besitzt mehr Erfahrung in diversen psychischen Krankheitsbildern und dem Umgang damit. Auch eine latent vorhandene Suizidalität wird meist besser erkannt.
- Sollte eine stationäre oder teilstationäre Behandlung notwendig sein, ist der Facharzt gefragt für eine entsprechende Überweisung und medizinische Befundberichte für verschiedene Anträge. Auch kann der Facharzt meist Vorschläge für geeignete Kliniken machen. Die Kompetenz des Hausarztes oder Allgemeinmediziners reicht für diese Aufgaben nicht aus.
- Die Behandlung mit Psychopharmaka gehört langfristig in Facharzthände. Auch hier besitzt der Facharzt mehr Erfahrungen und kennt Vor- und Nachteile auch neuester Medikamente. Hier sind Hausärzte in ihrer Budgetierung begrenzt, was für diese oft auch den Impuls gibt, zum Facharzt zu überweisen.

Wer in Großstädten oder Ballungsgebieten per Telefonbuch nach Fachärzten für psychische Erkrankungen schaut, muss eventuell mit erheblichen Wartezeiten (2 bis 5 Monate!) für einen Termin rechnen. Was also tun?

2

Zum Facharzt – SCHRITT FÜR SCHRITT

> Fragen Sie Ihren Hausarzt bzw. behandelnden Arzt. Manchmal haben diese Netzwerke zu Ärzten anderer Fachrichtungen aufgebaut. Die Vermittlung zu einem Psychiater geht dann möglicherweise auf Empfehlung Ihres Arztes schneller.

> Wenn in Ihrem Bekanntenkreis jemand bereits mit positiver Erfahrung einen solchen Facharzt in Anspruch genommen hat, kann eventuell auch über diese Art der Empfehlung ein schnellerer Termin vereinbart werden.

> Fragen Sie bei Ihrer Krankenkasse nach. Manche Krankenkassen helfen bei der Terminvereinbarung mit Fachärzten. Vielleicht hält man bei der Krankenkasse auch ein weiterführendes Beratungsprogramm für Menschen mit Burnout bereit.

> Wenden Sie sich an regionale Beratungsstellen, etwa für psychische Erkrankungen. Manchmal arbeiten solche Stellen auch mit Fachärzten zusammen und vermitteln Termine.

> Der sogenannte Sozialpsychiatrische Dienst (abgekürzt mit SpD oder SpDi) ist Bestandteil der öffentlichen Gesundheitsversorgung und meist an das zuständige Gesundheitsamt angegliedert. Besonders in ländlichen und unterversorgten Regionen kann man hier Hilfe erwarten, denn zum Team des SpD gehört auch immer mindestens ein Facharzt für Psychiatrie. In Großstädten und Ballungs-

regionen ist der SpD allerdings oft stark ausgelastet. Eine Kontaktaufnahme sollte man dennoch versuchen.

> In manchen Regionen haben die Krankenhäuser mit psychiatrischer Fachabteilung auch eine psychiatrische Ambulanz. Die dort tätigen Fachärzte stehen unter Umständen zur Verfügung – als Übergangslösung, bis ein niedergelassener Facharzt gefunden werden konnte.

> Wenn es nicht anders geht, bleibt als sofortige Option: Gehen Sie persönlich in eine Facharztpraxis, am besten eine Gemeinschaftspraxis mit mehreren Behandlern. Machen Sie der Sprechstundenhilfe die Dringlichkeit Ihrer Situation klar und bitten freundlich und direkt um einen schnellstmöglichen Termin. Signalisieren Sie die Bereitschaft, auch Wartezeit in Kauf zu nehmen. Wenn Ihnen der Mut fehlt, nehmen Sie eine Vertrauensperson mit. Im persönlichen Kontakt fällt es den Sprechstundenhilfen meist schwerer, Sie »abzuwimmeln«, und oft wird dieser persönliche Einsatz belohnt. Man sollte dabei als Betroffener oder Begleiter immer freundlich und respektvoll im Umgang mit dem Praxispersonal bleiben.

Krankengeld

Bei Arbeitsunfähigkeit über 6 Wochen hinaus bezahlt die Krankenkasse Krankengeld. Dies beträgt ca. 70 Prozent des Gehalts. Manche Arbeitgeber zahlen noch für weitere Monate die Differenz zwischen Krankengeld und normalem Gehalt. Bei erstmaliger Krankschreibung mit der aktuellen Diagnose und Bezug von Krankengeld kann dieses bis zu 72 Wochen bezogen werden. Danach würde ein Betroffener bei noch weiterbestehender Erkrankung Arbeitslosengeld von der Agentur für Arbeit bekommen.

Vom Teufels- zum Engelskreis

2

Egal für welchen der im Folgenden gezeigten Wege Sie sich entscheiden, das Ziel der therapeutischen Behandlung ist immer dasselbe:

In dem Bild vom Engels- und Teufelskreis werden die jeweiligen Dynamiken der positiven bzw. negativen Selbstverstärkung einander gegenübergestellt. Vom Teufelskreis wieder in einen Engelskreis zu kommen, erfordert für den Betroffenen meist eine geeignete Form der Behandlung.

Für diesen Schritt gibt es allerding keine perfekte Strategie: Mal ist es verständnisvolles Zuhören, mal Konfrontation mit der Selbstverleugnung. Mal ist es das Geben von Information über die Krankheit und deren Mechanismen, mal das Ermöglichen von neuen Körpererfahrungen und Gefühlsqualitäten. Wenn man sich die Behandlungssettings von Kliniken anschaut, so ist es oft eine Mischung mehrerer Elemente.

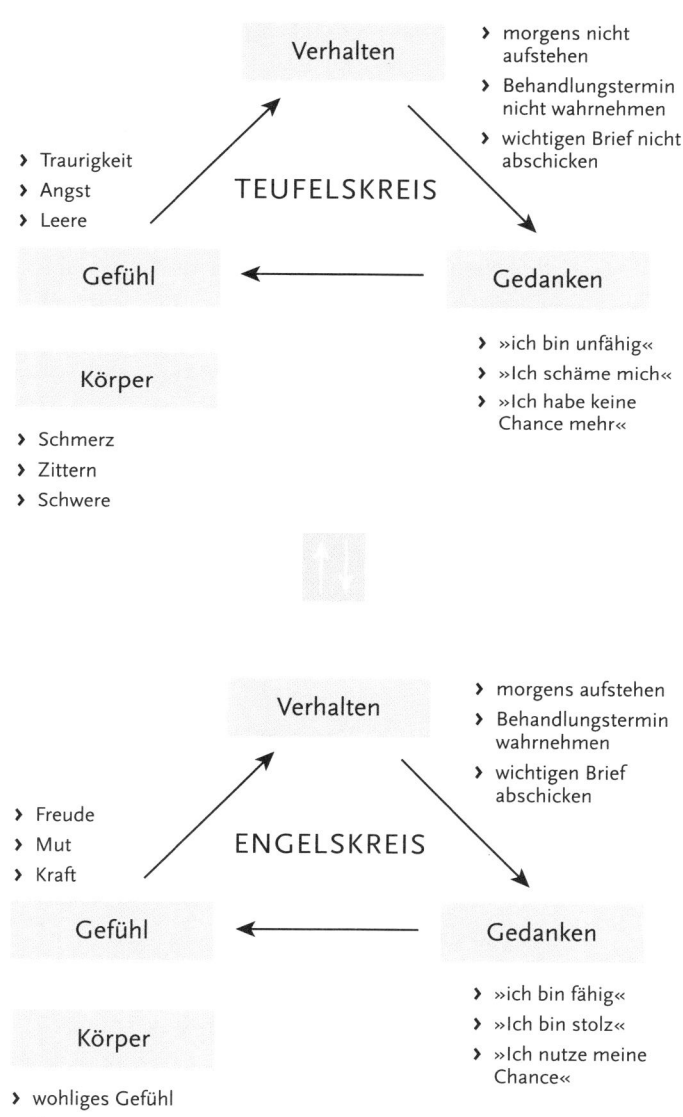

Verhalten

> morgens nicht aufstehen
> Behandlungstermin nicht wahrnehmen
> wichtigen Brief nicht abschicken

> Traurigkeit
> Angst
> Leere

TEUFELSKREIS

Gefühl

Gedanken

> »ich bin unfähig«
> »Ich schäme mich«
> »Ich habe keine Chance mehr«

Körper

> Schmerz
> Zittern
> Schwere

Verhalten

> morgens aufstehen
> Behandlungstermin wahrnehmen
> wichtigen Brief abschicken

> Freude
> Mut
> Kraft

ENGELSKREIS

Gefühl

Gedanken

> »ich bin fähig«
> »Ich bin stolz«
> »Ich nutze meine Chance«

Körper

> wohliges Gefühl
> Entspannung
> Wärme

Psychotherapie – Muss ich auf die Couch?

2

Die ambulante Psychotherapie ist eine gute und von den Krankenkassen finanzierte Behandlungsmethode für psychische Erkrankungen. Sie ist auch bei Depressionen, Angststörungen oder Burnout gut geeignet.

Über Psychotherapie wissen Menschen, die damit bisher nichts zu tun hatten, meistens wenig außer einigen Klischees, aufgenommen aus Kinofilmen, Fernsehen oder Romanen, die dem Thema oft nicht gerecht werden. Dieses Halbwissen, gepaart mit unrealistischen Befürchtungen, führt bei manchen Burnout-Persönlichkeiten zu Widerständen, die für mich als Berater immer wieder spürbar werden, wenn ich die Psychotherapie als Behandlungsmethode vorschlage:

»So, halten Sie mich jetzt auch noch für verrückt?«

»Die anderen machen mich krank, und ausgerechnet ich soll nun zum Seelenklempner?«

»Psychotherapie ist Humbug für Weicheier!«

Solche Sätze höre ich manchmal, wenn ich als eine Form der Behandlung bei Burnout-Syndrom eine ambulante Psychotherapie vorschlage. Es fällt auf, dass es besonders Männern schwerfällt, sich professioneller psychologischer Hilfe anzuvertrauen. Gerade die ältere Generation verhält sich da mitunter sperrig. Frauen tun sich oft leichter. Klassisch durch Erziehung und Sozialisation beauftragt, mit Empathie und guter Kommunikation Probleme (oft die von anderen!) zu lösen, empfinden sie ein psychologisches Angebot für sie selbst meist als willkommene und konstruktive Hilfestellung.

Natürlich ist jüngeren Menschen beiderlei Geschlechts die Selbstthematisierung heute vertrauter als den älteren. Auch wenn die Psycho- und Esoterikszene mitunter merkwürdige und gefährliche Blüten treibt, hat sie doch auch mehr gesellschaftliche Durchlässigkeit für »Psycho-Themen« und für die psychotherapeutische Behandlung erzeugt.

Noch einmal zurück zum verbreiteten Halbwissen über Psychotherapie. Das klassische Symbol der Psychoanalyse, die Couch von Sigmund Freud (1856–1939), dem Vater der Psychoanalyse, hat es erstaunlich tief in unser kollektives Bewusstsein geschafft, wie Bilderwitze bis heute zeigen: Liegt da jemand auf der Couch und eine Person sitzt dahinter oder daneben, oft mit Schreibblock auf dem Schoß, dann wissen wir: Der Witz handelt von einem analytisch arbeitenden Psychotherapeuten. Als gängige Psychotherapiemethoden sind aber seit langem schon die Verhaltenstherapie und die tiefenpsychologisch fundierte Psychotherapie hinzugekommen, während die Patientencouch selbst in der klassischen Psychoanalyse nur noch eine Nebenrolle spielt.

Die Psychotherapie ist also ein seriöses und bei einigen Krankheitsbildern sehr erfolgreiches Behandlungsverfahren. Persönliche Beratung kann, wie das folgende Fallbeispiel zeigt, manchmal Zweifel und Ängste auflösen, wenn ein Mensch mit Burnout zunächst für diesen Behandlungsweg nicht zugängig ist.

Jenseits der Scham

Herr Peter Seedorf, 55, der in der Beratung vor mir sitzt, ist wirklich empört über meinen Vorschlag, psychotherapeutische Hilfe in Anspruch zu nehmen. Nach 20 Jahren stets engagierter Arbeit in einer Druckerei hat er in den wechsel-

haften Jahren in dieser Branche alles gegeben, ist oft über seine Grenzen gegangen. Gedankt wurde es ihm dennoch nicht. Nach Insolvenz der Druckerei gehörte er zu den Ersten, die eine Kündigung erhielten. Nun hat er ein Burnout-Syndrom.

»Was mir helfen würde, wäre neue Arbeit. Die besorgen Sie mir aber nicht, oder?«, fragt er grimmig.

Sein Ärger ist verständlich, und ich weiß, dass er ja nicht mir als Person gilt. Oh, das wird wohl schwierig, denke ich mir dennoch. Aber ich bekomme noch eine Chance. Auf meine Frage, wer oder was ihm derzeit noch Kraft gibt, nennt Herr Seedorf seine Sportkameraden vom Bowling-Club. Er spielt regelmäßig auch Ligaspiele. Seine Stimmung sinkt aber gleich wieder. »Ich schäme mich so für meine Arbeitslosigkeit, dass ich denen noch gar nichts davon erzählt habe.«

»Das ist ja auch ein bisschen wie lügen«, meine ich. Erstmals wird er nachdenklich, ich spüre seine Verzweiflung und Trauer.

»Finden Sie wirklich?«

»Na ja«, sage ich. »Ich stelle mir gerade vor, ich wäre einer Ihrer Sportkumpel und erführe irgendwann von Ihrer misslichen Lage. Ich wäre, so glaube ich, ziemlich enttäuscht und sauer, dass Sie mir nicht vertraut und sich verleugnet haben.«

Nun ist Herr K. wirklich ziemlich geknickt, seine Stimme zittert: »Sie meinen, ich müsste es allen erzählen?«

»Das können nur Sie entscheiden, Aber was sich zu dieser Frage in Ihnen abspielt, welche Möglichkeiten Sie haben und welche Nebenwirkungen Ihr Verhalten mit sich bringt, das ist ein Thema, das Sie auch gut in einem psychotherapeutischen Gespräch beleuchten könnten.«

Nun ist er verblüfft: »Was, echt? Ich dachte, ich müsse da

*aus meiner Kindheit erzählen.« Am Ende dieser Bera-
tungsstunde hatte ich ihn dann doch für eine Psychotherapie gewonnen. In diesem Fall riet ich ihm zu einer Verhaltenstherapie.*

Auf dem Weg in eine ambulante Psychotherapie stellt sich zunächst die Frage: Welches Psychotherapieverfahren ist für
mich richtig? Auskünfte dazu gibt Ihnen Ihr behandelnder
Arzt oder Facharzt. Auch sollten Sie sich selbst über Psychotherapie informieren. Von Ihrer Krankenkasse erhalten Sie
kostenlos Informationsmaterial und möglicherweise auch
fachliche Beratung.

Von den drei kassenzugelassenen Psychotherapieverfahren
möchte ich kurz die Verhaltenstherapie und die tiefenpsychologisch fundierte Psychotherapie vorstellen. Das dritte Verfahren, die klassische Psychoanalyse, ist bei der Behandlung eines
akuten Burnouts nicht geeignet.

Verhaltenstherapie

Die Verhaltenstherapie geht im Grunde davon aus, dass unsere Wahrnehmung und unser Verhalten aus vielen kleinen
Lernerfahrungen resultieren, die wir im Verlauf unseres Lebens machen durften bzw. mussten. So kommt es dazu,
dass wir uns ein bestimmtes Spektrum an Handlungsmustern angewöhnt haben. Destruktive Handlungsmuster, mit
denen wir uns selbst schaden, führen auch zu psychischen
Erkrankungen wie Depression oder Burnout. In der Verhaltenstherapie kann nun ein neues und für die eigene Gesundheit bekömmlicheres Verhaltensrepertoire erarbeitet und
eingeübt werden. Diese Therapieform schaut also vom aktuellen Ist-Zustand nach vorne, ist lösungsorientiert und
arbeitet auch mit konkreten Übungen (»Hausaufgaben«).

2

Viele Arten von sogenanntem Coaching, etwa für Manager oder Sportler, arbeiten nach ähnlichen Prinzipien. Dabei handelt es sich aber um Methoden der Leistungsoptimierung, die als Behandlung keine Krankenkassenleistung darstellen.

Tiefenpsychologisch fundierte Psychotherapie

Die sogenannte tiefenpsychologisch fundierte Psychotherapie geht auf die Psychoanalyse nach Sigmund Freud zurück und baut darauf auf. Als Ursache einer Erkrankung wird ein zentraler Konflikt angenommen, der resultiert aus dem Charakter, früheren Erfahrungen und einer aktuellen auslösenden Situation. Die Therapie versucht dem Patienten Einsichten in so gelagerte Ursachen einer bestehenden Problematik zu vermitteln. Aus diesen Einsichten kann vom Patienten Orientierung und Kraft für neues Wahrnehmen und Handeln gezogen werden. Diese Psychotherapieform schaut vom aktuellen Ist-Zustand zunächst zurück, um durch Analyse der bisherigen Verhaltensmuster die schädlichen aufzulösen.

Die Unterscheidung beider Therapieverfahren ist dem formalen Umstand geschuldet, dass neben der Psychoanalyse nur sie von den Krankenkassen anerkannt sind. Man muss als kassenzugelassener Psychotherapeut in einer dieser Verfahren ausgebildet sein, um eine Kassenzulassung zu erhalten.

Viele Therapeutinnen und Therapeuten sind heute in verschiedenen Verfahren und Methoden ausgebildet und können je nach Bedarf unterschiedlich vorgehen. Im Idealfall können in einer Psychotherapie beim gleichen Therapeuten verschiedene Blickrichtungen eingenommen werden und einander positiv ergänzen:

In der akuten Krise ist immer ein nach vorne ausgerichteter, eher verhaltenstherapeutisch orientierter Behandlungsstil angezeigt. Das zielweisende Motto: »So vermeiden sie Fallen und kommen gut über die nächsten Tage.«

Wenn die akute Krise überwunden und ein Patient auch belastbarer ist, können tiefenpsychologische Elemente hilfreich sein. Das zielweisende Motto lautet dann: »Deshalb tappten und tappen Sie immer wieder in die gleiche Falle.«

Auf Augenhöhe mit dem Therapeuten

Lassen Sie sich von einem potenziellen Therapeuten genau erklären, wie er mit Ihnen arbeiten möchte. Fragen Sie selbst nach, ob auch eine solche Kombination von Therapiemethoden und -verfahren möglich ist. Formulieren Sie in Alltagssprache, was Sie in der Therapie erreichen wollen. Wenn es Dinge gibt, die Sie aktuell in der Therapie erst einmal nicht ansprechen wollen, etwa die Beziehung zu den eigenen Eltern, dann benennen Sie diese. Ein guter Psychotherapeut wird mit Ihren Fragen und Wünschen wertschätzend, souverän und auf Augenhöhe mit Ihnen umgehen. So bekommen Sie auch einen realistischen Vorgeschmack darauf, welche Art von Kommunikationsstil Sie in der Therapie erwartet.

Für die Psychotherapie werden dem Behandler auf Antrag von der Krankenkasse Stundenkontingente bewilligt: von 20 bis 75 Stunden. So kann eine ambulante Psychotherapie durchaus zwei Jahre dauern. Dies kann notwendig sein, um langwierige Prozesse unterstützend zu begleiten.

In anderen Fällen ist es auch denkbar, dass zehn Sitzungen lösungsorientierter Psychotherapie so viel Input geben, dass die Behandlung ausreichend ist.

Wichtig ist, dass der angefragte Psychotherapeut, von der Grundausbildung Psychologe oder Arzt, eine reguläre Kassenzulassung hat. Von einer Beantragung einer Sondergenehmigung bei der Krankenkasse im sogenannten Kostenerstattungsverfahren durch einen approbierten, aber nicht kassenzugelassenen Psychotherapeuten rate ich ab. Zum einen dauern diese Antragsverfahren manchmal Wochen bis Monate, was einen zeitlichen Vorteil oft wieder zunichtemacht. Auch muss man damit rechnen, dass die Krankenkasse den Antrag ablehnt, sodass man mit leeren Händen dasteht und die Suche von vorn beginnt. Ausnahme wäre eine mögliche konkret fachliche Begründung, etwa eine spezielle und indizierte Therapieform wie Traumatherapie bei einer diagnostizierten posttraumatischen Belastungsreaktion. Hierfür gibt es definitiv zu wenig kassenzugelassene Therapeuten, daher sind die meisten Krankenkassen eher zu einer schnellen und unbürokratischen Hilfe im Rahmen des erwähnten Erstattungsverfahrens bereit. Problematisch sind die zu erwartenden möglichen Wartezeiten. Diese können einige Wochen bis zu Monaten betragen. Die übliche Kontaktaufnahme mit der Psychotherapiepraxis erfolgt per Telefon.

Zum Therapeuten – SCHRITT FÜR SCHRITT

> Legen Sie sich einige knappe Sätze zurecht, die Ihre aktuelle Situation beschreiben. Diagnosen brauchen nicht gleich genannt werden, beschreiben Sie die Ziele, die Sie mit der Psychotherapie erreichen wollen.

> Nehmen Sie ein Terminangebot an, auch wenn es drei Monate in der Zukunft liegt. Es ist vielleicht das Beste, das Sie erreichen können. Absagen können Sie immer noch, sobald Alternativen da sind.

> Sie können mit jedem Psychotherapeuten bis zu 5 Pro-
> bestunden, sogenannte probatorische Sitzungen, verein-
> baren, um mit dem Behandler/der Behandlerin heraus-
> zufinden, ob die Zusammenarbeit funktioniert. Dies
> können Sie auch parallel mit mehreren Anbietern ma-
> chen, Sie brauchen dann nur für jeden Behandler einen
> eigenen Überweisungsschein für Psychotherapie.

> Als Alternative zur telefonischen Kontaktaufnahme hat
> sich in den letzten Jahren das Anschreiben von Psycho-
> therapiepraxen per Mail oder auch per Post als gute Al-
> ternative erwiesen, die versucht werden sollte. Es entlas-
> tet Menschen mit Burnout, da sie nicht sofort in Kontakt
> treten müssen. Bei den Behandlern erzeugt diese Art
> von Kontaktaufnahme, da sie noch eher selten ist, mit-
> unter positive Aufmerksamkeit.

> Nutzen Sie auch die genannten Möglichkeiten, die für
> die Suche nach einem Facharzt (S. 74–75) genannt wur-
> den. Diese Hinweise können auch jetzt hilfreich sein.

Psychopharmaka –
Wohl oder Übel?

Nach meinen Erfahrungen in vielen Jahren Therapie und Beratung psychisch kranker Menschen liegt das Problematische der Psychopharmaka nicht in den Medikamenten selber. Wie für die Begriffe »Krankheit«, »Burnout« oder »Depression« bereits gezeigt, ist auch der Umgang mit dem Phänomen Psychopharmaka beladen mit ideologischem Ballast. Dieser entsteht durch den gesellschaftlichen Umgang mit dem Thema und erzeugt auf kommunikativer Ebene vielfältige Wirkungen und Nebenwirkungen.

Bei der Verschreibung von Medikamenten stellt sich auch die Frage, wem dies nutzt und wer davon profitiert. Ursprünglich entwickelt, um menschliches Leid zu lindern, sind gerade Psychopharmaka heute Marktprodukte, mit denen Unmengen Geld verdient, aber auch fehlende Zeit der menschlichen Zuwendung im Gesundheitswesen kaschiert wird. Durch unsachgemäße Verschreibung können diese Medikamente auch Leiden verursachen.

Es ist dies ein altbekanntes gesellschaftliches Thema. Auch Alfred Nobel hatte mit seiner Erfindung des Dynamits etwas Gutes im Sinn gehabt: Er wollte die unmenschlichen Bedingungen für Arbeiter in Minen erleichtern. Dass seine Erfindung auch für die Produktion von tödlichen Waffen missbraucht wurde, konnte er weder ahnen noch verhindern.

Die Möglichkeit, durch Medikation schnell sehr vielen Menschen »helfen« zu können, hat für den psychiatrischen und psychosomatischen Teil der Behandlung kranker Menschen dazu geführt, dass aus einer ursprünglich »sprechenden« Medizin eine vorwiegend »verschreibende« Medizin wurde.

Diese Thematik mit hoher gesellschaftlicher Brisanz und polarisierendem Potenzial geriet so ins Fahrwasser einer Ideologisierung: Für Behandler, die Psychopharmaka verschreiben, (und deren Patienten) sind Medikamente das bevorzugte Mittel der Wahl, in das sie alle Hoffnung setzen. Für andere Behandler (und deren Patienten) sind Psychopharmaka die Quelle des Bösen und strikt zu meiden. Wie bei jeder Ideologisierung herrscht auch hier ein Entweder-oder statt eines Sowohl-als-auch. Die Befürworter von Psychopharmaka haben anfangs selbst betont, dass Antidepressiva immer in Verbindung mit beratender und therapeutischer Behandlung verschrieben werden sollten. Das wird laut Studien jedoch lediglich bei ca. 20 Prozent der behandelten Depressionspatienten erreicht. Wenn sich gerade Fachärzte für Psychiatrie und Neurologie nur noch fünf bis zehn Minuten für einen Patienten Zeit nehmen, entsteht oft die Dynamik, dass außer dem Ausstellen eines Rezepts ansonsten keine Zeit mehr eingeplant wird. Sollte ein Patient sich nun für einen Weg ohne Psychopharmaka entscheiden, stellt er seinem Arzt letztlich eine ethische Frage, die seine ganze Berufsehre betrifft: »Was haben Sie mir außer einem Rezept für ein Medikament sonst noch zu geben?«

An diesem wunden Punkt ist schon manches Arzt-Patienten-Verhältnis zerbrochen, wenn der Arzt sich durch Weigerung des Patienten, Medikamente zu nehmen, seiner Berufung beraubt fühlte.

Einen Arzt als guten Behandler erkennt man daran, dass er in der Frage der Psychopharmaka eine souveräne und dennoch flexible Haltung haben und vermitteln kann. Wenn Sie selbst betroffen sind, sollten Sie

– sich über Psychopharmaka informieren;
– das Gespräch mit Ihrem Arzt suchen;

2

- einen eigenen Standpunkt entwickeln und kommunizieren;
- diesen eigenen Standpunkt variabel halten und bei Bedarf und veränderter Sachlage (etwa tiefe Sinnkrise mit Suizidgedanken) neu bedenken.

Mit und ohne Planke

Frau Silke Zöllner, 54, Gruppenleiterin bei einem Rentenversicherungsträger, war schon vor vier Jahren an einem Burnout-Syndrom erkrankt, das schließlich die Form einer schweren Depression annahm. Infolgedessen musste sie acht Wochen stationär behandelt werden. Dennoch, oder vielleicht gerade wegen der Struktur, die ihr die Klinik bieten konnte, kam sie in dieser Zeit ohne Psychopharmaka aus. Sie nahm auf eigenen Wunsch nur Johanneskraut in ausreichend hoher Dosierung.

Nach der Klinik gelang es ihr, sich zu stabilisieren, sie veränderte ihren Umgang mit der Arbeit und gab ihre Leitungsfunktion ab. Sie begann ein regelmäßiges Sporttraining und erlernte Tai-Chi. Alles lief für fast vier Jahre recht gut.

Dann kam eine erneute Krise: Bei der Arbeit wurde ihre Abteilung umstrukturiert, das Betriebsklima wurde deutlich schlechter, der Stress nahm zu. Ihre Ehekrise wurde verstärkt, als die einzige Tochter das Haus verließ, ihre Mutter wurde zu einem Pflegefall. Trotz aller Bemühungen konnte Frau Zöllner nicht verhindern, erneut in eine depressive Episode zu rutschen.

Die Erinnerung an die erste Erfahrung dieser Art belastete Frau Zöllner zusätzlich. Allein die Vorstellung, es könnte wieder so schlimm werden wie beim ersten Mal, wurde zu einem Faktor, der sie weiter belastete. Dieser »Memory-Ef-

*fekt« der Symptomverstärkung tritt häufig auf und muss in
die Gesamtsituation einkalkuliert werden.*
*Frau Zöllner wollte nicht erneut ins Krankenhaus. Ihr be-
handelnder Psychiater riet ihr, diesmal ein Antidepressivum
zu nehmen. Frau Zöllner willigte schließlich ein. Auf meine
Frage, was sie zum Umdenken in der Frage der Medikamente gebracht hatte, meinte sie, es hätte an der ruhigen und
souveränen Art ihres behandelnden Arztes gelegen und seiner Fähigkeit, ihr den Sachverhalt anschaulich zu erklären.*

Der Arzt benutzte dabei folgendes Bild:

»Durch verschiedene Umstände sind Sie erneut in dieses
dunkle Gelände gelangt. Und wenn es Ihnen jetzt Angst
macht, hilft es Ihnen zugleich auch, dass Sie es bereits kennen. Sie haben schon einmal aus der Krise herausgefunden,
also schaffen Sie es auch ein zweites Mal. Vielleicht gehen Sie
aber diesmal andere Wege, noch tiefer hinab, wo es sehr dun-
kel wird und die Wege Ihnen gefährlich vorkommen. Dann
stehen Sie vielleicht vor einem ungeahnten Abgrund, der steil
in die Tiefe abfällt. Die zwei, drei Meter Distanz zu überwinden, um auf die andere Seite zu kommen, scheint nicht möglich zu sein. Da fällt Ihr Blick auf eine solide, lange und ausreichend breite Holzplanke, die vor dem Abgrund liegt. Sie ergrei-
fen sie, legen sie über den Spalt und überqueren ihn auf diesem Weg, langsam und sicher. Auf der anderen Seite ange-
kommen, sehen Sie dann, dass es wieder bergauf geht, ein
Weg nach oben ist erkennbar. Da Sie nun die Planke nicht
mehr brauchen, lassen Sie sie liegen, sie wäre beim Aufstieg
ohnehin nur hinderlich. Irgendwann erreichen Sie das Ende
des Aufstiegs und gehen wieder unbeschwert durch helleres
und flaches Gelände ...

Die Planke in diesem Bild ist ein geeignetes Antidepressivum, das den schweren und gefährlichen Teil des Weges über

den Abgrund ermöglicht, danach aber nicht unbedingt notwendig, mitunter sogar eine Belastung ist.«

Dieses Bild verweist darauf, dass eine medikamentöse Behandlung irgendwann ihr Ende findet. Leider begegne ich bei meinen Beratungen oft Menschen, die schon lange Psychopharmaka einnehmen – oder im verwendeten Bild: auch in leicht begehbarem Gelände eine Planke mit sich herumtragen –, und kein Arzt arbeitet mit ihnen daran, wie sie dieses Hilfsmittel wieder loswerden können.

Hier entsteht auch der Irrglaube, ein Antidepressivum würde süchtig machen. Dabei liegen die Gründe, das Medikament nicht mehr loszulassen, sowohl in der ärztlichen Verschreibungsroutine als auch im Patienten selbst: Wenn sich während der Zeit der Medikation nichts im Leben verändert und verbessert hat, führt das Absetzen des Antidepressivums zwangsläufig zu einer Verschlechterung des gefühlten Zustands. Mit Abhängigkeit hat das nichts zu tun. Es wäre dann Zeit, die Lebensstrukturen zu verändern.

Häufig eingesetzte Antidepressiva

> **SSRI – Selektive Serotonin-Wiederaufnahmehemmer**
> *Citalopram, Fluoxetin, Fluvoxamin, Paroxetin, Sertralin*
> erhöht die Konzentration des Neurotransmitters Serotonin durch Hemmung der Wiederaufnahme

> **Trizyklische Antidepressiva**
> *Amitriptylin, Doxepin, Imipramin, Clomipramin*
> erhöht die Konzentration der Neurotransmitter Serotonin, Dopamin und Noradrenalin durch Hemmung der Wiederaufnahme

> **MAO-Hemmer**
> *Tranylcypromin, Moclobemid*
> hemmt die Wirkung der Enzyme vom Typ MAO; dies erhöht die Konzentration der Neurotransmitter Serotonin, Dopamin und Noradrenalin

> **NaSSA – Noradrenalin-Serotonin-selektive Antidepressiva**
> *Mirtazapin*
> erhöht die Freisetzung der Neurotransmitter Noradrenalin und Serotonin

> **DSA – Duales Serotonerges Antidepressivum**
> *Nefazodon*
> erhöht die Konzentration des Neurotransmitters Serotonin über zwei verschiedene Mechanismen

> **Lithium**
> natürliches Element, kommt in Salzform in Mineralwasser und auch im menschlichen Körper vor
> Lithium wird vor allem bei bipolaren Störungen eingesetzt, zunehmend auch gegen Depressionen und Clusterkopfschmerz

> **Echtes Johanniskraut (Hypericum perforatum)**
> stimmungsaufhellend und energetisierend; Nebenwirkung: erhöht Empfindlichkeit der Haut bei Sonnenbestrahlung

Wenn es drängt: Krankenhausbehandlung

2

Über ihren Klinikaufenthalt schreibt Miriam Meckel in ihrem Buch *Brief an mein Leben. Erfahrungen mit einem Burnout* (siehe weiterführende Literatur im Anhang): »Ich verstehe ja, um was es hier geht. Ich soll alle äußeren Reize ausschalten, die ich immer im Übermaß in mich aufnehme, um mich auf mein Inneres zu konzentrieren. Um einen Raum in mir entstehen zu lassen und zu öffnen, in den ich dann blicken kann, um zu empfinden und zu verstehen. Es wäre schön, wenn das gelänge, aber der Weg dahin ist nicht leicht. Dieser Raum entsteht nicht, indem ich ihn öffne. Er entsteht, indem ich darauf verzichte, eben das immer wieder zu versuchen.«

Niemand geht gerne in eine Klinik. Dennoch kann in schweren Fällen eine Krankenhausbehandlung notwendig und auch hilfreich sein. Dies aus zwei Gründen:

1. Ein Unterscheidungsmerkmal zwischen einem Erschöpfungszustand und einem Burnout-Syndrom ist, dass die Symptomatik bei Wegfall von Belastung schlimmer werden kann. Es kann zu völliger Apathie, aber auch zu Panikattacken und Suizidgedanken kommen. In diesem akuten Zustand ist es besser, sich schnell in stationäre Behandlung zu begeben, wo man rund um die Uhr in Obhut ist.

2. Manche Burnout-Persönlichkeiten sind erst in der Lage, sich realistisch und selbstkritisch einzuschätzen und Veränderungen zuzulassen, wenn sie ihre gewohnte Routine aufgeben. Auch dann kann es in der Klinik noch Tage bis Wochen dauern, bis sie zum einen alte Routine loslassen und zum an-

deren sich auf Behandlung einlassen können. Dies ist dennoch der erste wertvolle Schritt für alle notwendigen Prozesse, die folgen.

Nachrückverfahren

Wenn Sie sich bei einer Fachklinik für eine stationäre Behandlung auf eine Warteliste setzen lassen, signalisieren Sie, wenn es Ihnen möglich ist, die Bereitschaft, auch kurzfristig aufgenommen zu werden. Manchmal werden schneller ungeplant Behandlungsplätze frei. Da Krankenhäuser aus Kostengründen immer eine hohe Belegungsquote erfüllen müssen, ist es für Nachrücker eine gute Möglichkeit, eine Wartezeit von eventuell mehreren Monaten mit Glück auf ein paar wenige Wochen zu reduzieren. Dieser Hinweis gilt für alle stationären oder teilstationären Behandlungsangebote der jeweiligen Kliniken.

Wie bereits erwähnt, erfolgt die Krankenhausbehandlung manchmal nach Notaufnahme in eine normale Klinik, was aber nicht zwingend der Fall ist. Die Behandlung in einer geeigneten Fachklinik erfolgt nach Überweisung durch den Facharzt, Kostenträger ist die Krankenversicherung. Das Behandlungsziel ist die endgültige Diagnostik und Behandlung der Erkrankung. Im Gegensatz dazu hat die medizinische Rehabilitation, früher Kur genannt, den Auftrag, die Arbeitsfähigkeit wiederherzustellen.

Die Zusammenarbeit mit einem Facharzt ist hier besonders wichtig, da er die Einweisung fachlich begründen muss und Menschen mit Burnout bei der Auswahl der Klinik beraten kann. Eine Information per Link zum Thema »Wie finde ich die richtige Klinik?« finden Sie im Anhang unter »Adressen und Links«.

Wenn es stationär nicht geht: Tagesklinik

2

Als Alternative zu einer stationären Krankenhausbehandlung besteht auch die Möglichkeit einer teilstationären, tagesklinischen Behandlung. Der Ablauf der Behandlung ist mit dem der stationären Behandlung durchaus vergleichbar. Der Unterschied ist, dass man nach Behandlungsende die Klinik verlassen und bis zum nächsten Behandlungsbeginn sowie an den Wochenenden zu Hause sein kann. Deswegen sollte die Tagesklinik bequem, ohne Stress und in angemessener Zeit erreichbar sein. Dies hat auch den Vorteil, dass man vor Behandlungsbeginn die Klinik kennenlernen und ein Informationsgespräch führen kann. Dabei lässt sich auch abklären, ob die Tagesklinik für das vorliegende Krankheitsbild geeignet ist. Hierbei sollten Sie ausführlich besprechen, warum Sie eine tagesklinische Behandlung anstreben. Der Wunsch einer teilstationären Behandlung könnte auch durch Vermeidungsverhalten motiviert sein.

Teilstationäre Behandlung

Beispiel: Tagesklinik für Stressmedizin in Hamburg-Harburg

Einmal im Monat startet eine Kerngruppe, die Behandlungszeit ist von 8:15 bis 14:00 Uhr.
Ab der zweiten Behandlungswoche beginnt der Morgen mit 30 Minuten Praxis der Achtsamkeit, anschließend:

> 2 x wöchentlich Gesprächsgruppentherapie
> 2 x wöchentlich Yoga und Achtsamkeitstraining (MBSR – Mindfulness Based Stress Reduction)
> Einzel- und Partnergespräche
> Meditative Körperarbeit

Ihr Programm wird ergänzt durch:

> Achtsamkeit im Alltag
> Psychoedukative Therapieangebote zu den Themen: Stress, Tinnitus, Schlafstörungen, Herzerkrankungen, Psychoonkologie
> Ernährungsberatung
> Sozialmedizinische Beratung
> Kunsttherapie
> Psychoedukation »Evolution und Leben«

Nach individueller Vereinbarung können nachmittags eine stundenweise Wiedereingliederung am Arbeitsplatz oder Ihre Verpflichtungen im Rahmen der Kinderbetreuung berücksichtigt werden.

Andererseits ist eine Tagesklinik natürlich eine gute Alternative für Menschen mit Burnout, die aktuell nicht stationär in einer Klinik aufgenommen werden können, etwa

- weil Kinder oder auch andere Personen zu Hause betreut und versorgt werden müssen,
- weil eine Angststörung oder starke Abneigung gegenüber Krankenhäusern einen stationären Aufenthalt unmöglich machen,
- weil nach mehreren stationären Klinikaufenthalten die Umsetzung des neu Gelernten im Alltag nicht klappte. Der tägliche Wechsel zwischen teilstationärer Behandlung und Alltag zu Hause kann dann als Übungsfeld dienen.

Auch für die Tagesklinik bedarf es einer Überweisung durch den Facharzt, die Kosten der Behandlung trägt die Krankenversicherung.

Wochenplan einer psychosomatischen Klinik (Beispiel: »Am Schönen Moos«, Bad Saulgau)

MONTAG	DIENSTAG	MITTWOCH	DONNERSTAG	FREITAG
06:45 – 06:50 Kneipp-Guss	06:45 – 06:50 Kneipp-Guss	06:45 – 06:50 Kneipp-Guss	06:45 – 06:50 Kneipp-Guss	06:45 – 06:50 Kneipp-Guss
06:45 – 06:50 Frühgym-nastik	06:45 – 06:50 Frühgym-nastik	06:45 – 06:50 Frühgymnas-tik	07:10 – 07:30 Frühgymnas-tik	07:10 – 07:30 Frühgymnastik
07:20–08:30 FRÜHSTÜCK				
08:45 – 10:15 Psychothera-peutische Basis-gruppe	08:45 – 10:15 Skill-grup-pe (indika-tiv)	08:45 – 10:15 Psychothera-peutische Ba-sisgruppe	08:45 – 10:15 Skillgruppe (indikativ)	08:45 – 10:15 Psychothera-peutische Ba-sisgruppe
10:45 – 11:30 Sporttherapie	10:30 – 12:00 Kreativ-gruppe	11:00 – 11:30 Massage	10:30 – 12:00 Kreativgruppe	11:00 – 11:30 Massage
12:15–13:15 MITTAGESSEN				
14:00 – 14:30 Psychothera-peutisches Ein-zelgespräch	15:00 – 16:00 Sozialbera-tung	13:00 – 14:00 Gesundheits-seminar	14:00 – 14:30 Krankengym-nastik	14:00 – 14:30 Psychothera-peutisches Ein-zelgespräch
15:00 – 15:30 Kranken-gym-nastikgruppe		15:00 – 15:30 KrankenGym-nastikgruppe	15:00 – 16:00 Ernährungs-beratung	
17:30 – 18:00 Progressive Muskelentspan-nung	16:30 – 17:15 Rücken-schule The-orie I	17:30 – 18:00 Progressive Muskelent-spannung	16:30 – 17:15 Rücken-schu-le Praxis I	
17:30-18:30 ABENDESSEN				

Wenn Arbeitsfähigkeit das Ziel ist: Rehabilitation

2

»Die Abläufe in einer Klinik wirken erst mal merkwürdig, sie sind aber hilfreich. Es geht um Regelmäßigkeit und Ruhe. Das Wichtigste ist, dass Sie herausgezogen sind aus Ihrem Umfeld, in dem Sie glauben, weiter funktionieren zu müssen.«

Miriam Meckel (Spiegel 10/2010)

Diese Behandlungsmaßnahme, früher »Kur« und im Folgenden kurz »Reha« genannt, dient der Wiederherstellung der Arbeitsfähigkeit und wird daher beim zuständigen Rentenversicherungsträger beantragt. Die notwendigen Formulare kann man dort (z. B. Deutsche Rentenversicherung Bund DRVB, Knappschaft Bahn See etc.) anfordern bzw. von der jeweiligen Website zum Ausdrucken herunterladen.

Auch die zuständige Krankenversicherung stellt Formulare zur Verfügung. Ihr Vorteil ist, dass diese Unterlagen bereits an notwendiger Stelle gekennzeichnet, unterschrieben und mit einer Versicherungsbescheinigung versehen sind.

Reha-Antrag – SCHRITT FÜR SCHRITT

> Lassen Sie den medizinischen Befundbericht des Antrags von einem Facharzt (Psychiatrie, Neurologie, Nervenheilkunde) ausfüllen. Dies erhöht die Chancen einer Bewilligung immens.

> Fügen Sie Ihrem Antrag ein eigenes Anschreiben bei. So dokumentieren Sie als mündiger Patient Ihre eigene hohe Motivation und vermeiden den Eindruck, dass der behandelnde Arzt Sie auf Kur »schicken« will.

> Im Falle einer Ablehnung Ihres Antrags: Besprechen Sie mit dem Facharzt die zeitsparende Möglichkeit eines Neuantrags! Dieser muss vom Rentenversicherer binnen vier Wochen bearbeitet werden. Ein Widerspruch liegt bei der zuständigen Kommission manchmal zwei Monate!

> Machen Sie sich von Ihrem Antrag unbedingt Fotokopien.

Die psychosomatische Reha wird für drei bis vier Wochen bewilligt, kann aber in der Klinik per Antrag bei Notwendigkeit um weitere Wochen verlängert werden. In der Zeit der Reha erhält der krankgeschriebene Betroffene statt Krankengeld ein sogenanntes Übergangsgeld vom Rentenversicherungsträger in selber Höhe.

Da das Antragsverfahren bis zur Bewilligung und der anschließenden Aufnahme in der Fachklinik zeitaufwendig ist und manchmal zwei bis drei Monate dauert, sollte mit dem Antrag für die Reha nicht gezögert werden.

Idealtypisch unterscheiden sich die Patienten in einer Krankenhausbehandlung von denen einer Reha dadurch, dass sie das tiefste Tal der Erkrankung bereits durchschritten haben.

Durch die Reha holen sie sich die letzten fehlenden Prozentpunkte zur Arbeitsfähigkeit.

So wie es die Tagesklinik als teilstationäre Alternative zur Krankenhausbehandlung gibt, kann auch die psychosomatische Reha als ambulante Maßnahme beantragt werden. Voraussetzung ist natürlich, dass es in gut erreichbarer Nähe ein solches ambulantes Angebot gibt, was eher in großen Städten und Ballungsregionen der Fall ist.

Vor- und Nachteile der ambulanten Behandlung sollten mit dem behandelnden Arzt abgewogen werden. Gerade bei Burnout-Persönlichkeiten geht es mitunter darum, Gewohnheitsstrukturen deutlich zu verändern. Auch das Einlassen auf eine andere Sicht-, Denk- und Fühlweise ist oft leichter, wenn man nicht täglich und am Wochenende wieder in gewohnter Umgebung zu Hause ist. Dies alles spricht eher für eine vollstationäre Behandlung. Viele Betroffene beschreiben auch im Rückblick den Kontakt zu den Mitpatienten als eine wichtige Behandlungskomponente. Diese Begegnungen sind natürlich intensiver, wenn man auch noch abends und an den Wochenenden mit den Mitpatienten in der Klinik verbleibt.

Wenn es eng wird: Notfallplan

Ein Burnout-Syndrom kann starke selbstschädigende Kräfte entfesseln. Eine schwere Depression und Gefühle von tiefer Sinnlosigkeit führen mitunter zu hohem Risikoverhalten, selbstschädigenden Gedanken und Handlungen bis zum Suizidversuch. Dies sollte von Betroffenen, aber auch vom persönlichen und professionellen Umfeld bedacht werden. Ein Notfallplan – eine Art Plan B – sollte dann, und sei es nur für die Schublade, bereitliegen. Unter anderem sollte er wichtige Telefonnummern und Adressen enthalten (Freunde, Angehörige, Telefonseelsorge, Behandler, Krankenhaus etc.) sowie verbindliche Abmachungen dokumentieren.

Diese Vorkehrung ist vor allem dann zu treffen, wenn ein Mensch mit Burnout

- aus früheren Erfahrungen solche Krisendimensionen kennt,
- sich nicht in ausreichend regelmäßiger engmaschiger medizinischer und therapeutischer Begleitung befindet,
- alleine wohnt, lebt und sozial isoliert ist.

Wer in medizinischer oder therapeutischer Behandlung ist, sollte bei Verschlechterung der Symptomatik versuchen, häufiger Termine beim ärztlichen und/oder psychotherapeutischen Behandler zu bekommen. Diese Termine dienen dazu, die Lage zu stabilisieren oder den Zeitpunkt zu erkennen, wann eine Aufnahme in ein Krankenhaus als Notmaßnahme sinnvoll und notwendig ist.

Wer bis zu diesem Zeitpunkt keine Psychopharmaka genommen hat, sollte dies an einem solchen Krisenpunkt in Erwägung ziehen.

Wer als Betroffener ein soziales Umfeld hat, sollte mit geeigneten Menschen konkrete Verabredungen treffen wie

- täglich telefonieren,
- mehrfach wöchentlich persönlich Kontakt aufnehmen,
- Wohnungsschlüssel weitergeben,
- bei Bedarf, wenn man alleine wohnt, eventuell auch vorübergehend zu einer Vertrauensperson ziehen bzw. jemanden bei sich wohnen lassen.

Der entscheidende letzte Schritt wäre im Extremfall, sich zum eigenen Schutz in das nächste Krankenhaus einweisen zu lassen.

Man sollte auch erkunden, ob es in der Stadt oder Region, in der man lebt, eventuell eine Alternative zum Krankenhaus gibt: Derzeit gibt es mancherorts Versuche mit Krisenstationen, die mit geeignetem Fachpersonal besetzt eine notwendige stationäre Aufnahme ermöglichen, sich aber atmosphärisch wohltuend von einer psychiatrischen Krankenhausstation unterscheiden.

Das Thema Suizid sollte nicht verdrängt oder vermieden werden. Das gilt für Burnout-Persönlichkeiten, die in der Lage sind, sich durch Sprechen aus schwierigen Situationen zu befreien. Hierfür bieten sich alle privaten oder professionellen Kontakte an, über die man verfügt. Auch die Telefonseelsorge (siehe Adressen im Anhang) kann eine wichtige Anlaufstation sein.

Menschen im Umfeld von Betroffenen sollten in einer sich zuspitzenden Krise die Frage nach möglichen Suizidgedanken unbedingt stellen. Ähnlich wie bei der Leistung von Erster Hilfe bei medizinischen Notfällen besteht hier oft die Hemmung, man könne da etwas falsch machen und die Situation sogar verschlimmern. Die Praxis zeigt aber, dass passives Vermeiden bei psychischen Notfällen mehr schadet als vermeintliche Fehler. So kann eine wichtige Hilfeleistung gerade darin bestehen, den Betroffenen zu einer Krisenintervention, etwa in ein Krankenhaus, zu begleiten.

Aus der Verhaltenstherapie kennt man als nützliches therapeutisches Element den Anti-Suizid-Vertrag.

Hierin wird die Eigenverantwortlichkeit des Menschen mit Burnout betont. Er verspricht, gut für sich zu sorgen und destruktive Handlungen zu unterlassen. Er sagt zu, sich im Falle konkreter Suizidgedanken an Hilfseinrichtungen zu wenden. Dies kann ein Arzt oder Therapeut sein, aber auch eine Beratungsstelle, Psychiatrie oder Klinik.

Beispiel für einen Anti-Suizid-Vertrag

1. Ich werde für die Dauer von .... auf jede Form der Selbstverletzung verzichten. Dies gilt 7 Tage pro Woche und 24 Stunden am Tag.
2. Bei einer suizidalen Krise werde ich zunächst versuchen, mich mit einer Entspannungsübung (autogenes Training, Atemübung) zu beruhigen.
3. Ich werde auf Gefühle achten und ihnen nicht ausweichen.
4. Ich werde alle meine Gefühle in ein Tagebuch aufschreiben.
5. Ich werde eine (vorher festgelegte) Vertrauensperson anrufen oder besuchen, wenn es mir nicht besser geht.
6. Ich werde meinen Berater, Therapeuten oder die Telefonseelsorge anrufen, wenn mein Vertrauter nicht erreichbar ist.

Ort: .... Datum: ....

Unterschrift Patient: ....

Unterschrift Vertrauensperson: ....

Wichtige (Not)Rufnummern: ....

2

Fazit

■ Für die Planung der eventuell notwendigen Behandlung brauchen Sie die fachkundige Beratung eines Arztes bzw. Facharztes.

■ Eine wichtige Frage, die Sie im Dialog mit dem behandelnden Arzt beantworten müssen, ist, ob Sie Psychopharmaka brauchen und nehmen wollen. Hierfür ist es unumgänglich, dass Sie sich selbst sachkundig machen. Gleiches gilt auch für andere Behandlungsformen.

■ Für eine eventuell dramatische Verschlechterung des Zustands sollte ein »Notfallplan B« vorliegen. Allein ihn zu haben beruhigt und ist so oft Grund dafür, dass man ihn gar nicht wirklich umsetzen muss.

Der bei Burnout-Persönlichkeiten häufig anzutreffende Perfektionismus kann bei der Behandlungsplanung zur Falle werden: Lernen Sie zu akzeptieren, dass eine Behandlung vielleicht »nur« zu 75 Prozent optimal verläuft. Dennoch wird diese Behandlung eine positivere Wirkung zeigen als eine permanent in Planung befindliche, aber nie umgesetzte 150-prozentige Behandlung.

Blick nach vorn

2

- Welche Themen kann ich mit meinem Therapeuten gut besprechen? Welche Themen vermeide ich?

- Habe ich selbst eine bewusste Entscheidung zum Umgang mit Psychopharmaka getroffen?

- Welche Haltung habe ich zu ambulanten, teilstationären und stationären Behandlungsmethoden?

- Wie verhält es sich mit meinem Perfektionsanspruch? Beeinflusst er eventuell meinen Umgang mit Behandlungsmöglichkeiten?

- Habe ich eine Vertrauensperson, die mich im Falle einer akuten Krise unterstützt und begleitet?

3

Was tut mir jetzt gut?

Anregungen zum **Selbstmanagement**

Orientierung

Gesundung   Behandlung

Selbstmanagement

Tue erst das Notwendige, dann das Mögliche, und plötzlich schaffst du das Unmögliche.

Franz von Assisi (1182–1226)

Die 5 Säulen der Identität

Um sich das Ausmaß von Krisen und die Möglichkeiten ihrer Bewältigung leichter bewusst zu machen, hat Hilarion Petzold folgendes Bild entwickelt:

Es zeigt die Identität eines Menschen auf fünf Säulen, die jeweils unterschiedliche Lebensbereiche repräsentieren:

Identität

Körper	Arbeit	Liebe	Geld	Werte
Gesundheit	Beruf	Soziale Kontakte	Materielle Sicherheit	Sinn

Zu den einzelnen Säulen:

Körper/Gesundheit
Ihr Körper ist das Gefäß Ihres Seins. Beweglichkeit, Wohlbefinden, Kontakt, Lust, Gefühle, Sehnsucht und vieles mehr ist ohne Körper gar nicht und mit krankem Körper nur eingeschränkt möglich. Über Ihren Körper, dessen Aussehen und Ausstrahlung machen sich die Mitmenschen ein erstes Bild von Ihnen. Zum Aufbau und Erhalt dieser Säule dienen vor allem Bewegung und Entspannung (siehe S. 125–134).

Arbeit/Beruf

Über Tätigsein im weitesten Sinne können Sie sich definieren und Ihre Kräfte erproben. Freude an der eigenen Leistung, an Erfolg gibt Zufriedenheit. Mit anderen Menschen zu arbeiten erzeugt eine besondere Art der sozialen und gesellschaftlichen Verbundenheit. Wenn Sie keine Arbeit haben, können Engagement in Vereinen, freiwillige soziale und sonstige Dienste oder ein Ehrenamt die gleiche Funktion erfüllen (siehe S. 180–181). Burnout-Persönlichkeiten haben meist ihre Identität überwiegend auf dieser Säule gelagert, die anderen Säulen dabei aber vernachlässigt.

Beziehungen/soziale Kontakte

Menschen brauchen häufige und verlässliche soziale Kontakte. Über Freundschaft und Liebe erfahren Sie Zugehörigkeit und Bestätigung, so kann Ihr Selbstbild durch das Fremdbild, das Ihnen andere widerspiegeln, immer wieder überprüft und neu gestaltet werden (siehe S. 139).

Geld/materielle Sicherheit

Geld gibt Ihnen materielle Sicherheit. Existenzielle Bedürfnisse nach Nahrung, Kleidung und Wohnung lassen sich damit befriedigen. In der modernen Welt spielt Geld selbst bei der Teilhabe am sozialen Leben eine große Rolle (Freizeitindustrie). Ob Sie viel oder wenig Geld haben, definiert auf allen Ebenen immer auch den eigenen Status gegenüber Ihren Mitmenschen. Verständlich sind auch Ängste, die ausgelöst werden durch Verlust der Arbeitsfähigkeit, drohende oder reale Kündigung bzw. Insolvenz von Arbeitgebern.

Werte/Sinn

Was Sie denken, für richtig halten, wonach Sie Ihr Verhalten ausrichten, fällt in den Bereich dieser Säule. Hier kommt Ihre ganz persönliche Lebensphilosophie zum Tragen – die eigene Weltanschauung, Religion, Moral, Ethik und politische Überzeugung. Dieser Bereich ist in demokratischen Gemeinschaften geschützt, etwa durch Freiheit des Denkens, Redens und der Religion. Welche Kraft in dieser Säule in Zeiten der Bedrängnis stecken kann, zeigen die Lebensgeschichten von Menschen wie Nelson Mandela, der während jahrelanger Haft seine Identität größtenteils auf persönliche Werte und die eigene Sinngebung stützen konnte.

3

Das Bild der Identität, getragen von fünf Säulen, bietet Ihnen die Möglichkeit, sich Ihre aktuelle gesundheitliche Situation und das Ausmaß einer eventuellen Krise zu verdeutlichen. Auch die Genese eines Burnout-Syndroms kann beispielhaft anhand der fünf Säulen der Identität erzählt und erklärt werden:

Burnout-Persönlichkeiten ruhen, etwa durch eine strenge Erziehung im Elternhaus hin zu Leistung und Erfolg, durchaus auf tragfähigen Säulen für Arbeit/Beruf und Geld/materielle Sicherheit. Dass die übrigen Säulen schwach sind, fällt zur Zeit beruflicher Höhenflüge nicht auf. Durch zunehmende Erschöpfung und spürbare körperliche Symptome verliert die Säule Körper/Gesundheit aber vermehrt ihre Tragfähigkeit. Dies bringt als Folge die so wichtige Säule der Arbeit ins Schwanken, bis diese schließlich einstürzt (Krankschreibung, Kündigung, Arbeitslosigkeit ...). Soziale Kontakte waren vermutlich nie stark ausgeprägt und brechen zuletzt völlig ab, sodass auch diese Säule nicht mehr trägt. Die Säule Geld/materielle Sicherheit kommt damit in der Befürchtung und/oder ganz real auch ins Wanken: Langzeiterkrankung, Krankengeld, Arbeitslosigkeit, Hartz IV ... Dass das Leben nun so (oder schon lange) keinen Sinn und Wert mehr hat, ist hier oft die letzte Erkenntnis. Gerade diese Säule wieder aufzubauen ist

wichtig, da die fehlende Substanz in diesem Bereich zu Suizidgedanken und -plänen führen kann. Für Menschen mit Burnout ist es wichtig, dass Sinn mehr ist als Arbeit, Leistung und
Geld. Gerade eine stabile Säule Sinn und Werte gibt Halt in
schwierigen Zeiten: Besinnung auf eigene Werte, eigene Ziele
und Sinnhaftigkeit kann dann zur schützenden Bastion gegen
Wertezerfall, Beliebigkeit und Sinnlosigkeit werden.

Es gibt verschiedene Möglichkeiten, die Analyse der genannten fünf Säulen zu konkretisieren, hier eine Auswahl als
Vorschlag:

- Sehen Sie sich jeden Lebensbereich, den die Säulen jeweils
  bei Ihnen versinnbildlichen, genau an. Beschreiben Sie
  Ihre Einschätzung von Tragfähigkeit und Zustand der jeweiligen Säule. Steht sie sicher? Bröckelt sie? Oder ist sie
  bereits umgefallen? Fragen Sie auch Vertrauenspersonen
  nach deren Einschätzung Ihrer Säulen.
- Wer gerne kreativ ist, stellt jede Säule bildlich dar mit Farb-
  stiften – ein Bild ist manchmal aussagekräftiger als Worte.
- Wählen Sie für jede Säule einen oder mehrere Alltagsge-
  genstände. Beschreiben Sie das entstandene Bild. Was sagen die gewählten Gegenstände über den Zustand und Ihre
  Einstellung zur jeweiligen Säule?
- Symbolisieren Sie jede der fünf Säulen mit einem Stuhl.
  Nehmen Sie auf jedem einzelnen Platz und fühlen Sie sich
  in die Energie der jeweiligen Säule ein. Schreiben Sie die
  Eindrücke auf.

Machen Sie eine oder mehrere dieser Übungen mit einer vertrauten Person oder bringen Sie diese Übungen als Idee in
eine laufende Therapie ein.

Auf der Basis dieses Selbstbildes lässt sich auch eine Zielsetzung einer Behandlung oder eines Selbstmanagements planen:

Gemäß der Idee der Salutogenese (siehe S. 190), sollten Sie zunächst die Säulen, die sie noch tragen, wertschätzend in Augenschein nehmen. Überlegen Sie, wie Sie diese auch weiterhin tragfähig halten können.

Wenden Sie sich erst dann den nicht mehr tragenden Säulen zu: Wie können Sie diese wieder tragfähig machen?

So erhalten Sie auch verlässliche Hinweise für Prioritäten bei zu treffenden Entscheidungen: Eine Säule tragfähig zu halten sollte in einer Krise, die mehrere Säulen betrifft, Vorrang vor dem Wiederaufbau einer umgestürzten Säule haben.

Auch bereits erzielte Erfolge können mit einer solchen Darstellung der fünf Säulen sichtbar gemacht und wertgeschätzt werden. Da solche Übungen immer nur Momentaufnahmen der Selbstwahrnehmung sind, sollten sie gelegentlich wiederholt werden.

3

Welcher Typ sind Sie?

 Jetzt, wo wir die Säulen kennen, auf denen unsere Identität ruht, stellt sich die Frage nach der Identität selbst.
Im Kindesalter entfaltet sich die Identität durch viele, möglichst fördernde soziale Interaktionen mit der Welt. Dabei ist das Spielen für Kinder ein wichtiges Übungsfeld: Die verschiedenen Lebensbereiche eignen sie sich im Spiel an, ihre Identität entsteht durch das spielerische Schlüpfen in Rollen: Vorstellungen über soziale Rollen, Berufe und Facetten von diversen Charakteren sowie Vorstellungen von Gut und Schlecht werden nach und nach verinnerlicht.

Im Jugendalter schwärmt man dann für Schauspieler, Sportler und andere Helden des öffentlichen Lebens. Doch die Identitätsbildung und -entwicklung ist ein lebenslanger Prozess. Es ist auffällig, wie viele Projektionsflächen auch Erwachsenen jeden Alters ständig geboten werden. Fernsehbeiträge, Zeitschriften und Internet sind voll von Beiträgen wie: Welcher Mode- (Ernährungs-, Einkaufs-, Arbeits-, Schlaf-, Sex-, Liebes-, Sport-, Geld-)Typ sind Sie? Entsprechende Fragebögen und Selbsttests versprechen hierüber Aufschluss zu geben. Die Unsicherheit, wer ich eigentlich bin, ist also keine Altersfrage. Und wenn beim Einstellungsgespräch vom Personalchef nach Stärken und Schwächen gefragt wird, will der Fragende eigentlich herausfinden, ob der Bewerber weiß, wer er ist.

Da Burnout-Persönlichkeiten schon immer oder spätestens mit Beginn der Erkrankung unsicher gegenüber der eigenen

Identität sind, liegt es nahe, in Behandlungen und eben auch Ratgeberbüchern darauf einzugehen. Mein Angebot für Ihre Beschäftigung mit der eigenen Identität ist die Vorstellung von neun Typen, die verschiedene Möglichkeiten verkörpern, sich dem Leben zu stellen:

3

1. Der Reformer

Motto: »Lebe! Aber lebe auch richtig!«

Sie haben sich hohe Ziele gesteckt und sind nur schwer zu-friedenzustellen. Sich und die Welt zu bewegen ist Ihr tiefs-ter Wunsch – und zwar so lange, bis alles vollkommen ist. Mit zunehmender Selbsteinsicht lernen Sie vieles so zu las-sen, wie es ist.

2. Der Helfer

Motto: »Lebe für andere und gebe dich hin.«

Ihr größter Wunsch ist es, gebraucht zu werden. Lebenssinn finden Sie vor allem darin, für andere da zu sein. Mit Ihrer Liebe geben Sie auch viel von sich selbst. Eigene Herzens-wärme finden Sie erst, wenn Sie anfangen, auch sich selbst zu lieben.

3. Der Erfolgsmensch

Motto: »Lebe für deinen Ruhm.«

Als Erfolgsmensch tun Sie alles, um im Mittelpunkt zu ste-hen, und genießen dies auch. Hinter Ihren Masken sind Sie kaum erkennbar, auch für sich selbst. Wenn Sie nach und nach zu sich finden, entspringt Ihnen die Klarheit einer Was-serquelle.

4. Der Romantiker

Motto: »Lebe für ein schöneres Morgen.«

Sie lieben das Besondere und sind stets auf der Suche. Oft scheint der Weg dabei das Ziel zu sein. Wenn Sie mehr und scheint der Weg dabei das Ziel zu sein. Wenn Sie mehr und mehr in sich heimisch geworden sind, finden Sie auch Ruhe in der Welt.

5. Der Beobachter

Motto: »Lebe für dich – mit Blick auf die anderen.«

Der beobachtende Mensch hält Sicherheitsabstand zu allem Lebendigen. Vor dem, der ihm zu nah kommt, baut er Mauern auf. Wenn er mit der Zeit seine tiefe Sehnsucht zulässt und sie nachhaltig spürt, findet er Wege und Türen zu anderen Menschen.

6. Der Loyale

Motto: »Lebe vorsichtig und unscheinbar.«

Als loyaler Mensch wirken Sie auf andere so, als bräuchten Sie deren Gemeinschaft mehr als sich selbst. Hier finden Sie, besonders bei Gleichgesinnten, die gewünschte Zugehörigkeit. Sobald Sie sich als Besonderen unter vielen wahrnehmen, beginnt Ihr eigener Weg.

7. Der Glückssucher

Motto: »Lebe mit Lust.«

Sie suchen im Leben Freude, Lust, Vergnügen – Glück. Und oft werden Sie fündig. Wenn Ihnen das auf der manchmal verschatteten Erde nicht gelingt, bauen Sie mitunter auch Traumschlösser in die Wolken. Wenn Sie erfahren haben, dass Licht und Schatten zusammengehören, können Sie das Leben lieben, wie es ist.

8. Der Starke

Motto: »Lebe mit Kraft und Konsequenz.«

Ihre Kraft beziehen Sie aus Wurzeln, die in Ihnen selbst gründen. Sie lieben Herausforderungen, um die eigenen Kräfte einsetzen und spüren zu können. Ihre Umgebung durchschauen Sie und scheuen auch Kämpfe nicht. Wenn Sie Ihr inneres Kind entdeckt haben, gelingt es Ihnen auch, zweckfrei zu spielen.

9. Der Ursprüngliche

Motto: »Lebe in Frieden mit den anderen.«

Am wohlsten fühlen Sie sich, wenn Sie sich in Ihre verborgene Welt zurückziehen können. Die eigentliche Welt stört Ihre Erlebnisse mit sich selbst. Je mehr Sie die Kraft Ihres Handelns spüren, desto mehr öffnen Sie sich der Welt und anderen Menschen.

Diese Typologie bündelt das Spektrum menschlichen Lebens in neun prägnante Dimensionen. Eine solche Konzentration entspricht zwar nicht der Vielfalt des Lebens, hilft aber bei der Selbstfindung: Wer war ich einmal? Wer will ich sein? Wie wirke ich nach außen? Und am wichtigsten: Wer bin ich wirklich?

Folgende Fragen helfen im Umgang mit der vorgestellten Typologie weiter:

- Welcher Typus (oder welche Mischung aus zwei oder drei Typen) waren Mutter und Vater meiner Kindheit?
- Welchem Typus war ich als Kind und Jugendlicher, welchem bin ich heute am ähnlichsten?
- Wie passt mein Beruf dazu?
- Wie meine Beziehungen und Freundschaften?
- Menschen von welchem Typus bewundere ich? Warum?
- Welcher Typus scheint von mir am weitesten entfernt und somit die größte Herausforderung?

Diese und andere Fragen können auch mit einer vertrauten Person besprochen werden. In einer Zeit, in der es einem vorkommt, als würde man im Nebel wandeln, ist es hilfreich, erste und einfache Muster zu erkennen. Sie geben Ihnen Hinweise auf Ursachen der aktuellen Misere, aber auch Hinweise auf Potenziale und Wege, die aus der Krise führen. Meist führt diese Reise, wie das folgende Kapitel zeigen wird, zu den elementaren Grundängsten, die in jedem Menschen schlummern.

Nicht zu viel und nicht zu wenig

In meiner Beratungspraxis spielt das Thema Selbstmanagement eine wichtige Rolle. Und zwar auch deshalb, weil es für Menschen in Krisen sehr wichtig ist, durch kleine Erfolgserlebnisse in Eigenleistung wieder den Glauben an Selbstwirksamkeit zurückzugewinnen. Dies wirkt sich dann wiederum positiv auf die therapeutische Behandlung aus.

Für ein gutes Selbstmanagement gibt es aber noch mindestens zwei weitere Gründe:

- Viele Menschen mit Burnout sind in ihrer Wahrnehmung und ihrem Handeln überwiegend fremdbestimmt. Sie funktionieren nur noch. Etwas Gutes für sich selbst zu tun ist kaum mehr umsetzbar und für viele nur mehr eine Erinnerung an eine weit zurückliegende Zeit. Dass eigenes Handeln etwas Positives bewirkt, steht als Erfahrung aktuell nicht mehr zur Verfügung.
- Manche Betroffene stehen, nachdem ihnen Arbeitsunfähigkeit bescheinigt wurde, weiterhin extrem unter Strom und finden keine sinnvollen Betätigungsfelder für ihre überschießende Energie. Sie entlädt sich dann oft auf autodestruktive Art: Selbstüberforderung, stundenlanges Grübeln, im Unmaß für andere Aufgaben übernehmen, nächtliche Unruhe, Schlaflosigkeit usw.

Bei genauerem Hinsehen erkennt man zwei gegensätzliche Positionen, von denen aus man ein gutes Selbstmanagement seiner Erkrankung entwickeln kann. Hierzu zwei Beispiele:

Skepsis

Sybille Heck reagierte zunächst skeptisch und abwehrend auf Anregungen, unterstützend zu ihrer begonnenen Psychotherapie und der medikamentösen Behandlung selbst noch Dinge zu tun. Sie könne nicht glauben, dass so etwas hilfreich sei, dafür seien gerade ihre Symptome, vor allem die Schlafstörungen, viel zu schlimm. Außerdem wirke eine Entspannungstechnik nur dann, wenn es die für sie genau richtige sei. Da sage aber jeder etwas anderes, und sie selbst könne das nicht entscheiden. Und je länger sie jetzt darüber noch reden würde, umso müder werde sie. Ihr sei sowieso gerade alles zu viel.

Frau Heck brauchte zunächst Ermutigung. Sie hatte nämlich mit viel Zeitaufwand und persönlichem Einsatz relativ schnell eine Psychotherapeutin und einen Facharzt gefunden. Meine wertschätzende Anerkennung für das bisher Geleistete veränderte ihre Haltung zu mir. Bald stellten wir im Gespräch fest, dass sie vor vielen Jahren auf der Volkshochschule einmal autogenes Training erlernt hatte und damals als recht hilfreich empfand. Sie hatte also schon einmal eine Entscheidung für ein Entspannungsverfahren getroffen und folglich auch eigene Erfahrungen damit gesammelt. Zurzeit fiele es ihr nur schwer, etwas aus sich heraus und alleine umzusetzen. Die Lösung war, dass sie das Anliegen, mit dem autogenen Training zu beginnen, mit in ihre Psychotherapie nahm. Dort machte sie erste positive Erfahrungen damit und begann anschließend, sich erneut eine Gruppe für autogenes Training zu suchen.

Übereifer

*Martin Arndt wartete, als er in meine Beratung kam, auf
die Aufnahme in eine Rehaklinik, der Antrag hierfür war
gestellt und positiv beschieden worden. Ein Behandlungs-
platz in der bewilligten Klinik gab es aber erst nach weiteren sechs Wochen Wartezeit. Als ich ihn fragte, ob er denn
im Sinne eines Selbstmanagements Gutes für sich tun könne, begannen seine Augen zu leuchten: Er habe sein Lauf-
training wiederaufgenommen und sich schon für einen
Halbmarathon angemeldet. Mehrmals die Woche gehe er
ins Fitnessstudio und erlerne auch gerade Qigong. Er habe
ein Antistressseminar belegt, sich mehrere Bücher über
Burnout gekauft und nutze täglich am PC ein Anti-Burn-
out-Programm, das seine Krankenkasse online anbiete. Gerade suche er noch eine Selbsthilfegruppe, und er fragte
mich dann, was er ansonsten noch tun könne. Meine Antwort bestand nur aus einem einzigen Wort: »Weniger!«*

3

Herr Arndt brauchte, anders als Frau Heck im ersten Fallbeispiel, keine Ermutigung, sondern Grenzen. Er gehört zu den
vielen Burnout-Persönlichkeiten, die noch keine Selbstwahrnehmung für ihr destruktives mentales Programm der Selbstüberforderung entwickelt haben. Daher war es wichtig, Herrn
Arndt wertschätzend zu vermitteln, dass es im Prinzip gut sei,
dass er seine Energie in seine Gesundung investiere. Allerdings müsse er das richtige Maß dafür noch finden. Es gelang
mir nur bedingt, ihn zu bremsen, und er verließ meine Beratung auch sichtlich verärgert und enttäuscht. Später erfuhr ich
von ihm, dass er in der Rehaklinik erneut mit der Thematik
konfrontiert wurde. Sein selbst erstelltes Tagesprogramm wurde vom behandelnden Arzt dort stark eingegrenzt. »Für Sie ist

weniger mehr, viel hilft nicht immer viel!« Das waren die er-
klärenden Worte dazu gewesen.

Erst im Laufe der Zeit lernte Herr Arndt, was für viele
Burnout-Persönlichkeiten die wichtigste Erkenntnis auf dem
Weg der Genesung ist: Es ist unabdingbar, die eigenen destruktiven Denk- und Handlungsmuster, mit denen man bisher
versucht hat, die Herausforderung des Lebens zu bewältigen,
nicht auf den Prozess der eigenen Gesundung anzuwenden.

Diese Fallbeispiele sollen, bevor ich mit meinen Vorschlä-
gen konkreter werde, Sie sensibilisieren, sich selbst zu prüfen:
Neige ich momentan dazu, in der Mutlosigkeit zu verharren –
oder in falschem Übereifer zu übersteuern?

Besprechen Sie diese Frage mit Ihrem Arzt, Therapeuten
oder einer anderen Vertrauensperson. Meine folgenden Vorschläge sind lediglich ein Angebot – die möglichen Wirkungen
oder auch Nebenwirkungen resultieren aus der Art des persönlichen Umgangs damit.

Stress abbauen:
Bewegung und Sport

3

Seit vielen Jahren gibt es wissenschaftliche Untersu-
chungen, die belegen, dass Sport und Bewegung die
physische Gesundheit stärken und das psychische Wohlbefinden fördern. In besonderem Maß gilt dies für Burnout-Persönlichkeiten und depressive Menschen. Dass liegt daran, dass
unsere Verhaltensmuster bei Stress auf körperlicher Ebene
noch genauso reguliert werden wie in der Steinzeit. Kamen die
Menschen damals in Gefahr, schütteten die entsprechenden
Drüsen im Körper die Hormone Adrenalin, Noradrenalin, Tes-
tosteron und Kortisol aus. Atem- und Pulsfrequenz sowie der
Blutdruck wurden dadurch gesteigert. Dafür wurden Magen-
und Darmaktivitäten eingestellt. Blutreserven wurden mobilisiert, um den Sauerstoff-Kohlendioxid-Austausch zu forcieren.
So gerüstet waren unsere Vorfahren bereit, um Leib und Leben
zu kämpfen oder vor Gefahren zu fliehen. Die bereitgestellte
Energie wurde vor allem durch Muskelarbeit wieder verbraucht,
der Hormonspiegel normalisierte sich danach schnell wieder.

Für den Menschen der Gegenwart hat sich die Ausgangslage verändert. Stressoren sind heute:

- Überlastungssituationen im Büro,
- aggressives Gebaren eines Vorgesetzten,
- Mobbing durch Kollegen,
- Termindruck im eigenen Kopf.

Die autonome Körperreaktion auf solchen und anderen Stress
erfolgt noch analog zu dem oben beschriebenen Ablauf. Der
Unterschied zu damals ist aber: Wirklich körperlich gekämpft

wird nicht mehr, und auch die Flucht aus einer vermeintlichen Gefahrenzone ist weniger kräftezehrend im Vergleich zu früher. Als Konsequenz bleiben wir im körperlichen Alarmzustand stecken, was zu chronischen Muskelverspannungen führt, die mit den Jahren Schädigungen des Bewegungsapparats nach sich ziehen und dann zu weitverbreiteten Stresserkrankungen (»Rücken«) führen können. Der gleiche Mechanismus der Stresserstarrung läuft ab bei Kindern, Jugendlichen und Erwachsenen, die viel Zeit mit aufputschenden Fernsehfilmen und/oder PC-Spielen verbringen.

Vielleicht erinnern Sie sich noch, dass Sie anfangs nach Stresssituationen den Impuls verspürten, sich abzureagieren, etwa durch

- Joggen,
- Holzhacken,
- in den Wald gehen und laut schreien (oder im Auto),
- auf einen Sandsack einschlagen ...

Dieser Impuls ist ein sehr gesunder und hilft, die hormonelle Lage wieder in ein angemessenes Gleichgewicht zu bringen. Wer ihn verspürt, sollte diesem Impuls unbedingt nachgeben.

Bei chronischem Stress, wenn einzelne Stressoren gar nicht mehr zu identifizieren sind und zu einem einzigen Belastungsgefühl verschmelzen, stellt sich zum Tagesende meist eine bleierne Müdigkeit ein. Umso wichtiger ist es dann, trotzdem durch regelmäßige körperliche Aktivitäten den in ständige Alarmbereitschaft versetzten Körper zu »entladen«. Alle körperlichen Aktivitäten, die auspowern, sind dafür geeignet. Da man zunächst meist einen mitunter respektablen inneren Schweinehund zu überwinden hat, ist es leichter, Aktivitäten zu wählen, die man gerne macht und die sich gut in den Alltag integrieren lassen.

Um wirklich regelmäßig Sport zu betreiben, hilft es,

- sich mit Gleichgesinnten zusammenzutun,
- sich einem Verein anzuschließen,
- sich einen detaillierten Wochenplan mit Zeitfenstern für Sport zu machen und diesen zu befolgen.

Wenn man sich dazu nicht in der Lage fühlt, tun auch kleine Aktivitäten im Alltag gut:

3

- Auto stehen lassen und Weg zu Fuß gehen oder mit dem Fahrrad fahren,
- Treppen steigen statt Fahrstuhl benutzen,
- kleines Fitnessprogramm zusammenstellen: Gymnastik, Liegestützen, Hanteltraining, Swinging Stick etc.,
- gelegentliche kurze Spaziergänge, auch in der Mittagspause.

Manchmal bekommt der eine oder die andere dann Appetit auf weitere körperliche Herausforderungen.

Bestehende Strukturen nutzen

› Nehmen Sie Kontakt zu Ihrer Krankenkasse auf: Oft erhalten Sie dort Informationen zu Fitnesskursen und Programmen verschiedener Art. Auch eine finanzielle Bezuschussung durch die Krankenkassen ist möglich.

› Große Firmen bieten oft Betriebssport an. Manchmal bestehen Verträge mit Vereinen oder Fitnesscentern. Sollte es so etwas noch nicht geben, regen Sie es an. Schließen Sie sich mit anderen interessierten Arbeitnehmern zusammen.

Körperliche Aktivitäten fallen leichter, wenn sie mit Spiel und Spaß verbunden sind. Mannschaftssportarten und -spiele sind da besonders geeignet. Die Möglichkeit, neue Kontakte zu knüpfen, besteht ebenfalls, ohne dass man sich mit diesem Wunsch outen muss wie bei einer Kontaktbörse.

Bewegung hilft, sinnloses Grübeln zu unterbinden. Die Mischung aus Spaß, Bewegung und Kontakt ist gut, um sich von der eigenen Misere abzulenken, was ganz im Sinne eines ressourcenorientierten Umgangs mit Krisen ist.

Weitere Möglichkeiten, wohltuenden Ausgleich zu belastenden Themen zu finden, sind

- Kino, Theater, Sportveranstaltungen und Museen,
- mit Kindern und/oder Tieren spielen,
- Wellness und Massage,
- im Garten arbeiten,
- Zärtlichkeiten austauschen und Sex,
- Hobbys nachgehen (aktuellen oder schon »angestaubten«).

Ruhe finden:
Entspannung und Achtsamkeit

Probleme im Berufs- und Privatleben sind oft Probleme mit der Balance. Viele Körperübungen trainieren das Gleichgewicht: Balancieren, Klettern (z. B. Hochseilgarten), Skatebordfahren, Schlittschuhlaufen, Skifahren, Fahrradfahren, Surfen ... Nach einiger Zeit wirken sie sich auch positiv auf die Psyche aus

Die östlichen Bewegungskünste wie Tai-Chi, Qigong und andere beziehen ihre heilsame Kraft gerade aus der harmonisierenden Wirkung auf polare Lebensenergien (Yin und Yang) und führen zurück zu einer guten körperlichen und seelischen Balance.

Wer psychisch nicht im Gleichgewicht ist, hat in der Regel auch eine unharmonische Atmung: Menschen mit Angst vor dem Geben, vor Hingabe, verlängern und vertiefen die Einatmung und verkürzen und verflachen die Ausatmung. Bei Menschen mit Angst vor dem Nehmen, vor Einverleibung, ist es umgekehrt. Aufmerksamkeit auf den eigenen Atem und entsprechende Übungen wirken sich regulierend auf die seelische Gestimmtheit aus.

Interessanterweise gab es immer Epochen in der Menschheitsgeschichte, in denen Balance der Grundzustand war. Man kam gar nicht auf die Idee, in ein Extrem zu verfallen, da die gegensätzlichen Pole gar nicht als solche wahrgenommen wurden. So benutzten die Römer für die Adjektive »hoch« und »tief« das gleiche lateinische Wort, nämlich »altus«. Und im

Altchinesischen wurde für »Chance« und »Krise« das gleiche Schriftzeichen verwendet.

Sollten Sie früher schon einmal eine Entspannungstechnik erlernt und als positiv erfahren haben, ist es oft leichter, dort wieder anzuknüpfen, als etwas Neues zu beginnen.

Wenn ich Menschen mit Burnout frage, ob sie Sport, Fitness und körperliche Betätigung in ihr Leben integrieren, bekomme ich häufig positive Rückmeldungen. Dies verwundert nicht, da für leistungsorientierte Menschen die Nähe von Sport zu Leistung und Wettbewerb motivierend und herausfordernd ist. Ganz anders aber sieht es aus, wenn ich nach Fertigkeiten und Fähigkeiten frage, sich zu entspannen: »Das geht bei mir gar nicht« ist sehr häufig die Antwort.

Auch das kommt nicht wirklich überraschend. Während Sport noch mit Leistung Hand in Hand gehen kann, so ist Entspannung für die meisten Menschen mit Burnout problematisch und belastet: Es erinnert an Nichtstun, Faulheit, Trägheit, die sie gewohnt sind zu vermeiden und zu verurteilen. Außerdem ist damit zu rechnen, dass beim Innehalten und in sich Hineinspüren unterdrückte Impulse, unangenehme Gefühle und Gedanken aufsteigen.

Durch eine geeignete Methode im richtigen Kontext werden Sie aber merken, dass

– es angenehm ist, sich zu entspannen,
– aufkommendes Unwohlsein vorübergeht,
– positive Ergebnisse erreichbar sind, wie besseres Schlafen, höhere Konzentration und Frustrationstoleranz.

Aus einem Erfahrungsschatz von Entspannungsübungen lassen sich zunächst kleine Zonen von Ruhe und Frieden (anfangs Sekunden, dann Minuten, später auch längere Zeiträume) bei Bedarf in den Alltag integrieren. Später tauchen solche Inseln dann ganz von selbst auf.

Achtsamkeit

Achtsamkeitstraining leitet dazu an, in freundlicher, ruhiger und nicht wertender Haltung in jedem Moment und bei jeder Tätigkeit empfänglich zu bleiben für die eigenen inneren Prozesse (Empfindungen, Gefühle, Gedanken) und für die Außenwelt (Geräusche, optische Eindrücke, Gerüche usw.). Dies bietet die Chance, den Alltag durch positive Aspekte von Entspannung und purer Aufmerksamkeit zu intensivieren.

3

Ein ehemaliger Burnout-Patient erzählte mir enthusiastisch:

»*Wenn ich früher mit der Regionalbahn in die Stadt zur Arbeit fuhr, war ich in Gedanken etwa bei der Nachbarin, über die ich mich zuvor geärgert hatte, oder bei einem wichtigen Meeting, das mir in drei Stunden bevorstand. Ich war fast nie dort, wo ich gerade war. Eine halbe Stunde Bahnfahrt kam mir einfach nur nutzlos vor. Heute behalte ich immer die Hälfte meiner Wahrnehmungsfähigkeit bei mir und richte sie vor allem auf meine Arme und Beine. Spüre hinein, wie ich sitze, und habe mit den Füßen Kontakt zum Boden. Mit der anderen Hälfte der Energie bin ich gegenwärtig und bei meiner Umgebung: eine Mitfahrerin lächelt mich an, ich freue mich daran ... ich lausche auf das Geräusch der Räder auf den Gleisen, es klingt interessant und vielschichtig ... ich sehe, wie ein Vogel parallel zum Zug fliegt, ohne seine Flügel zu bewegen, faszinierend ...*«

Achtsamkeit kann das persönliche Erleben und Verhalten positiv verändern, indem die fatale Einteilung des eigenen Lebens in »Gute Zeiten – Schlechte Zeiten« durchbrochen wird. Der eingeengten Sichtweise liegt oft folgendes Schema zugrunde: »Der Arbeitstag ist schlecht – der Feierabend ist gut – die Arbeitswoche ist schlecht – das Wochenende ist gut – das Arbeitsjahr ist schlecht – der Urlaub ist gut – das Arbeitsleben ist schlecht – der Ruhestand ist gut« ... Nur hat derjenige, der so denkt und lebt, von seinem Ruhestand meist nicht mehr viel übrig, weil er vergessen hat, wie Leben im natürlichen Rhythmus mit wechselnden Anforderungen eigentlich funktioniert.

In ambulanter, teilstationärer oder stationärer Therapie fällt es leichter, Entspannungsverfahren und Achtsamkeitstraining zu praktizieren. Für den bleibenden Erfolg ist es dann wichtig, dass die erlernten Techniken zu Hause weiter eingesetzt werden. Natürlich kann man auch zu Hause und außerhalb von Behandlungseinrichtungen Entspannung erlernen: Übungs-CDs gibt es im Handel, manche Krankenkassen stellen sie auch kostenlos bereit. Kurse bieten etwa Volkshochschulen oder auch Fitnesscenter. Auch hier lohnt es sich, bei der Krankenkasse nachzufragen: Sie informieren über Kurse und beteiligen sich oft auch an den Kosten.

Die innere Haltung, Erwartung und Zielsetzung ist beim Praktizieren von Entspannungstechniken sehr wichtig und beeinflusst auch die möglichen positiven – und negativen – Auswirkungen. Hierfür ein Beispiel:

Harald Baumgartner, 49, arbeitet im oberen Management eines großen Medienkonzerns. Nach einer Auslandsreise kam er mit einer exotischen Infektionserkrankung ins Krankenhaus, wo zusätzlich ein akutes Erschöpfungssyndrom diagnostiziert wurde. Darüber hinaus bestand schon

*seit Jahren eine leichte Depression, die als solche nicht
wahrgenommen wurde.[4]*

*Bevor Herr Baumgartner im Anschluss an den Klinikauf-
enthalt eine medizinische Rehabilitation begann, kam er in
meine Beratung. Er wirkte zwar einerseits zentriert, zugleich aber auch sehr hart und verspannt. Ich fragte ihn
nach seinen Erfahrungen mit Entspannungsverfahren.
Stolz berichtete er, dass er seit Jahren Zen-Meditation übe
und einmal im Jahr für zwei Wochen in ein Kloster gehe,
um sich dort zum Schweigen zurückzuziehen. Da gehe es
ihm dann so gut wie nie. Er beherrsche der Lotussitz und
könne für einige Minuten seine Gedanken anhalten. Auch
sei es ihm schon gelungen, seine Herzfrequenz willentlich
zu beeinflussen. Dabei strahlte er mich an. Ich fragte ihn,
wie er bemerke, dass sich diese Erfahrungen positiv in seinem aktuellen und alltäglichen Leben auswirkten. Da ver-
finsterte sich seine Miene wieder. »Na, eigentlich gar nicht,
das ist ja das Komische. Ich überlege nun schon, zukünftig
zwei Mal im Jahr in das Kloster zu gehen.«*

Herr Baumgartner blieb selbst beim Ausüben seiner meditati-
ven Entspannungstechnik fixiert auf Leistung, Erfolg und
Kontrolle. Auch wenn dieses Beispiel extrem anmuten mag, es
spiegelt ein weit verbreitetes und typisches Phänomen: Wie bei
Behandlungen in Kliniken oder Ambulanzen bleiben – im
schlechten Falle – positive Effekte eingeübter Entspannungsverfahren auf den direkten Erlebenskontext begrenzt. Sie berühren dann nicht im Alltag und breiten sich darin nicht segensreich aus. Im Kontext der Behandlung erzeugt dies den

---

4   Depressionen werden bei Männern weniger häufig diagnostiziert, weil sie
     manchmal die Leere und Traurigkeit hinter einer Fassade von Härte und auch
     Aggression verstecken. Ärzte sprechen dann von einer »larvierten Depressi-
     on«.

bekannten Drehtüreffekt: Die Behandlung muss scheinbar immer wieder wiederholt werden. Ähnlich verhält es sich beim Thema Entspannung. Doch liegt hier ein gemeinsamer struktureller Fehler vor: Der Transfer des neu Gelernten in den Alltag klappt nicht! Bezeichnend ist auch die Reaktion von Herrn Baumgartner aus dem beschriebenen Fall: Ein zweiter Klosteraufenthalt soll her, denn mehr vom Gleichen hilft vielleicht! Dies erzeugt aber meist eine Abhängigkeit der Betroffenen von Behandlern und Therapeuten, klinischen Institutionen oder Wellnesstempeln. Da man gut an unselbstständigen Kranken verdienen kann, ist das Interesse nicht so groß, die Hilfesuchenden baldmöglichst in die Mündigkeit zu entlassen, damit diese zukünftig eigenverantwortlich und unabhängig ein gesundes Verhalten praktizieren können.

Jede Form der Entspannungspraxis muss sich daran messen lassen, ob der Transfer spontaner positiver Wirkungen direkt nach der Übung auch in die Alltagssituationen gelingt.

Zurück zum guten Schlaf

3

Wie wichtig der erholsame Schlaf für uns ist, das merkt mancher erst, wenn durch Schlafstörungen der natürliche Wechsel in den passiven Nachtmodus gestört ist. Die Wachzeit des Tages und die Schlafzeit in der Nacht sind zwei Seiten einer Medaille. Da bei Burnout-Persönlichkeiten die Balancen der Lebensführung generell gestört sind, ist es nicht verwunderlich, dass häufig auch der Schlaf betroffen ist. Obwohl wir ein Drittel unseres Lebens im Schlafzustand verbringen, wissen wir dennoch über diese Seite unseres Seins nur wenig Bescheid. Diese Unkenntnis führt dann auch zu falschen Interpretationen des eigenen Zustands und zu ungeeigneten Mitteln, in einen guten Schlafmodus zurückzufinden.

- Schlaf verläuft in sich wiederholenden Zyklen von etwa 90 Minuten Dauer.
- Auch gesunder Schlaf wird von kurzen Wachphasen unterbrochen, die nur deshalb nicht erinnert werden, weil sie nicht im Langzeitgedächtnis gespeichert werden.
- Der sogenannte Tiefenschlaf macht nur ein Fünftel des Schlafs aus und tritt vor allem in der ersten Nachthälfte auf.
- Die Hälfte der Zeit befinden wir uns im sogenannten Leichtschlaf.
- »Fehlender Schlaf« wird in der Folge durch veränderte Schlafqualität ausgeglichen, nicht durch einen verlängerten Schlaf.
- Schlafstörungen sind unangenehm, aber nicht schädlich.

- Die Leistungsfähigkeit am Tag ist abhängig von verschiedenen Faktoren, von denen guter Schlaf nur einer ist.
- Auch unsere Wachzeit am Tag durchläuft mehrere Zyklen. Die Müdigkeit nimmt nicht linear zu. Es gibt wechselnd mehrstündige Phasen von erhöhter oder verminderter Wachsamkeit.
- Die als ausreichend empfundene Schlafdauer kann und darf individuell sehr variieren, sie liegt bei ca. 5 bis 8 Stunden.

Bei quälenden Schlafstörungen sollten Menschen mit Burnout zunächst einfache Regeln befolgen und versuchen, auf diese Weise die Schlafqualität zu verbessern:

- Bleiben Sie auch in Phasen von Schlafstörungen bei regelmäßigen Zeiten für das Einschlafen und Aufstehen. Dies gilt besonders, wenn Sie krankgeschrieben sind. Ein »die Nacht zum Tag machen« ist zu vermeiden. Auch ein Schlafen über 8 Stunden täglich wirkt energetisch sehr negativ.[5]
- Koffein, Nikotin und Alkohol können die Schlafqualität beeinträchtigen. Reduzieren Sie den Konsum diese Stoffe; soweit es geht, verzichten Sie mehrere Stunden vor dem Zubettgehen ganz darauf, ebenso auf größere Mahlzeiten.
- Schließen Sie vor dem Zubettgehen den Tag bewusst ab: Nachdem Sie letzte Alltagsdinge erledigt haben, machen Sie einen kurzen Spaziergang oder eine Entspannungsübung.
- Wenn Sie nicht schlafen können, verlassen Sie das Bett wie-

---

5   An diesem Punkt setzt die in manchen Kliniken angebotene Behandlungsmethode des Schlafentzugs an. Unter Aufsicht reduzieren vor allem die depressiven Vielschläfer (manche schlafen bis zu 16 Stunden täglich) ihre Nachtschlafzeit vorübergehend auf etwa 3 Stunden. Meist wird eine vitalisierende Wirkung beobachtet. Auch werden zu behandelnde Themen aus dem Leben der Betroffenen deutlicher, da sie nicht mehr »weggeschlafen« werden.

der. So verbindet Ihr Unterbewusstsein Schlaflosigkeit nicht mit dem Bett. In Zeiten mit Schlafproblemen sollten Sie auch außerhalb des Bettes lesen oder fernsehen.

Wie beschrieben ist ein wichtiger Schlafhinderungsgrund das Grübeln, das ständige kreisförmige Bewegen von meist selbstschädigenden, destruktiven und sinnlosen Gedanken.

In einer Krisenzeit meinen wir, dass so etwas normal und unvermeidlich sei. Doch das kommt immer auf die Dimension an: Ständiges Grübeln am Tage sollten Sie unterbrechen durch ablenkende Aktivitäten wie soziale Kontakte, Sport oder kreative Tätigkeit. Das Nachdenken über die aktuelle Situation sollten Sie bewusst auf mehrere begrenzte Zeiteinheiten (benutzen Sie ruhig eine Küchenuhr!) pro Tag beschränken. Hilfreich ist es auch, diese Gedanken aufzuschreiben. Hierdurch verlangsamt sich die Grübelei, und die Gedanken werden konkreter.

Vermeiden Sie jegliche Form schlechter Nachrichten von außen (Fernsehen, Radio, Zeitung, Tratsch). Hören Sie lieber ausgewählte Musik oder Hörbücher. Das Führen eines Tagebuchs hat sich sehr bewährt und kann mit der Bilanz eines Tages auch ein Ritual vor dem Zubettgehen sein.

Schlafstörungen sind oft lästig, werden nach meinem Gefühl aber von Burnout-Persönlichkeiten überbewertet. Warum?

Zum einen steckt meist noch immer ein übersteigerter Leistungsdruck in ihnen. Die Befürchtung, dem nächsten Tag nicht gewachsen zu sein, führt zu einer solchen Verkrampfung, die wiederum einem guten Ein- und Durchschlafen entgegenwirkt. Ähnlich wie beim Sex besteht hier das Dilemma, dass man das Einschlafen ebenso wenig »machen« kann wie Nähe und Zärtlichkeit: Solche wohltuenden Erfahrungen sind erst dann möglich, wenn man sie entspannt zulassen kann.

Zum Zweiten bietet das Symptom der Schlafstörung endlich eine konkrete und entlastende Erklärung für die bestehende Erschöpfung, die nichts mit Selbstüberforderung zu tun hat. Sie schafft nämlich auch Entlastung – nach dem Motto: Ich kann ja nichts dafür! Bei so vielen Menschen mit Schlafstörungen fühlt man sich mit diesem Symptom zugehörig, aufgehoben und verstanden. Ähnlich mögen »Leidensgenossen« mit Rückenschmerzen oder anderen sogenannten »Volksleiden« empfinden. Daher möchte mancher Klagende, zumindest für eine gewisse Zeit, sein Symptom vielleicht gar nicht wirklich loswerden.

Am deutlichsten wird dieses Festhalten an Schlafstörungen, wenn Vorschläge wie oben genannte zur Verbesserung der Schlafsituation schroff abgelehnt werden. Am Ende sind dann doch viele dazu bereit, Schlafmedikamente zu nehmen, was gut überlegt sein sollte. Manchmal ist eine vorübergehende chemische »Schlafhilfe« nicht zu vermeiden, jedoch besteht die Gefahr der Gewöhnung. Die Einnahme von Schlafmitteln sollte ebenso wohl überlegt sein wie der Umgang mit Psychopharmaka (siehe S. 87–92).

Bewusster Umgang mit sozialen Kontakten

3

Verhalten und Wohlbefinden werden viel stärker von der Quantität und Qualität sozialer Kontakte bestimmt, als die meisten Menschen glauben. Bei Burnout-Persönlichkeiten sind es oft die Mitmenschen, die vermeintlich Unmögliches verlangen und sozialen Druck und Stress auslösen. Dies können Vorgesetzte sein, die ihre eigene Belastung nach unten weitergeben. Oder auch Kollegen, die versuchen, sich Arbeit vom Hals zu schaffen, und immer wieder einen Ja-mache-ich-gerne-Sager finden, auf den sie die Arbeit abwälzen können. Im privaten Umfeld sind es Partner, Kinder, Eltern, Verwandte, Nachbarn, Freunde und Bekannte, deren Kontaktaufnahme häufig mit »Könntest du mal eben für mich ...« beginnt. Oder der Betroffene empfindet es zumindest so ...

Der Rückzug aus sozialen Zusammenhängen ist ein Symptom für depressive Zustände, eventuell infolge eines Burnout-Syndroms. Gleiches gilt für aggressives Verhalten (meist eher bei Männern), wenn es dem gleichen Zweck dient: »Lasst mich alle in Ruhe!«

Ein Rückzug kann aber auch der erste Schritt zur Erkenntnis der eigenen Situation sein. Hierfür soll die ärztliche Krankschreibung durch das Herausnehmen aus dem Arbeitszusammenhang den nötigen geschützten Raum bieten.

Wer krankgeschrieben ist und Familie hat, bekommt manchmal Sätze zu hören wie: »Ach, jetzt, wo du immer zu Hause bist, könntest du die Kinder zum Kindergarten bringen, die Wohnung sauber machen, mit dem Hund rausgehen ...«

Da Burnout und Depression nicht offenkundig als eingeschränkte Gesundheitszustände wahrnehmbar sind, wird aus dem vermeintlichen Schutzraum leicht eine Falle. Das gilt vor allem für berufstätige Frauen. Das Ignorieren der akuten Situation geschieht meist, weil der Partner selbst sich auch als belastet erlebt. Mit der Rücksichtnahme auf den Partner wäre schließlich die eigene Erschöpfung zu reflektieren und daraus Konsequenzen zu ziehen. Wer dazu nicht bereit ist, wehrt alles ab, was an dieses Thema erinnert. Auch Neid auf die Person, die es gewagt hat, sich eine Auszeit zu nehmen, während man selbst »weiterackert«, kann ein solches Verhalten auslösen.

Möglicherweise hilft es Ihnen in solchen Situationen, wenn Sie Ihre Partnerin/Ihren Partner zu einem Gespräch beim behandelnden Arzt, Berater oder Therapeuten mitnehmen. Meist wirkt ein solcher gemeinsamer Kontakt mit einer dritten Person Wunder: Eingeschliffene Muster zwischen Lebenspartnern werden deutlich und können behutsam thematisiert werden. Ein Arbeitsbündnis auf Basis von Verständnis und mit dem Ziel, gemeinsam zur Lösung der Krise beizutragen, kann von hier aus seinen Anfang nehmen.

Aber auch eine andere Situation ist möglich: Wenn Sie länger schon unter Depressionen leiden und alleine leben, sind Sie per se schon isoliert. Fallen dann durch Krankschreibung oder Arbeitsplatzverlust noch die letzten kontinuierlichen Kontakte weg, droht die Gefahr einer psychosozialen Abwärtsspirale. Für die Akutphase ist dann meist eine stationäre Behandlung notwendig – bis dahin ist ein Notfallplan hilfreich (siehe S. 102–105). Längerfristig geht es dann um den Wiederaufbau eines tragfähigen persönlichen Netzwerks.

In weniger akuten Fällen hilft das Anlegen eines Wochenplans, der Zeiten von Aktivitäten, sozialen Kontakten, Rückzug und Entspannung bewusst und unabhängig von der aktuellen Gefühlslage reguliert. Da Menschen mit Burnout leicht falsche Entscheidungen treffen, weil sie emotional gesteuert sind, hilft ein zuvor gefasster Plan, ungewollten sozialen Verpflichtungen zu entgehen.

Auch die aktive Gestaltung des Kontakts zu Mitmenschen ist von entscheidender Bedeutung. Hierzu folgendes Beispiel:

Franca Hamann, 37, ist Texterin in einer Werbeagentur. Sie erlitt an einem Wochenende einen Zusammenbruch und ließ sich sofort in ein Krankenhaus einweisen. Als sie nach zwei Wochen entlassen wurde, wusste sie über das Krankheitsbild Burnout und ihr Muster der Selbstüberforderung schon relativ gut Bescheid. Sie beantragte eine Reha und fand sehr schnell eine Psychotherapeutin, bei der sie eine kombinierte Einzel- und Gruppentherapie machte. Bald wurde deutlich, dass sie schon lange an den bestehenden Arbeitsstrukturen in der Agentur litt, diese als krankmachend empfand und realistisch einschätzte, dass diese Situation nicht zu verändern sei. Zwar hatte Frau Hamann noch einige gute Freunde, aber überhaupt keine Lust mehr auf soziale Kontakte. Sie war genervt, dass sie ständig gefragt wurde, wie es ihr ginge, wann ihre Reha beginne und wie sie jemals wieder so eine »Superstelle« finden wolle usw. Immer müsse sie über ihre Krankheit reden und die eigenen Entscheidungen rechtfertigen. Gleichzeitig sorge sie sich, auch weil sie glaube, dass einige Freunde beginnen würden, sich von ihr zurückzuziehen. Als sie mir das in der Beratung erzählte, schlug ich ihr vor, die Kontakte zukünftig aktiv zu gestalten: Sie könne doch allen ihr wichtigen Menschen sagen, dass sie ihnen gerne berichten würde, sobald es etwas Neues gäbe. Ihr Wunsch sei aber, die gemeinsame Zeit positiv zu verbringen und sich auch ein wenig von der schwierigen Situation abzulenken: ins Kino und Theater gehen, einen Einkaufsbummel machen, zusam-

*men zum Sport gehen, über schöne Dinge sprechen ... und
wenn über Sorgen, vielleicht auch mal über die der anderen. Franca war zunächst skeptisch, probierte es dann aber
aus.*

*Wochen später schrieb sie mir eine Mail: »Meine Treffen
mit Freunden laufen jetzt ganz anders. Ich kann dabei wieder Spaß haben. Irgendwie schienen auch die Freunde erleichtert. Und die wenigen, die meine Bedürfnisse überhaupt nicht kapieren, von denen muss ich mich vielleicht
genauso lösen wie von meinem Job. Das meint auch meine
Therapeutin.«*

Was Frau Hamann erlebt hat, ist typisch. Zum einen gilt es als
höflich, sich nach dem Befinden eines kranken Freundes zu
erkundigen. Kaum jemand kann sich vorstellen, welche Situation für den Menschen mit Burnout entsteht, wenn alle Freunde ihn darauf ansprechen. Andererseits ist zu bedenken, dass
bei den Themen wie Krankheit und Arbeit jeder schnell die
eigenen Ansichten, Wertungen und Ängste einbringt. Das ist
für den Erkrankten nicht hilfreich, sondern zusätzlich belastend. Wenn Sie dies von sich aus ansprechen und Ihren Freunden sagen, was Sie sich von einem Treffen wünschen – und
was nicht –, ergeben sich ganz neue Spielräume und Möglichkeiten: Manche Freunde sind sicher erleichtert, wenn sie nicht
dauernd nachfragen »müssen«, vielleicht erkennen sie auch
die eigenen Projektionen und halten sie aus dem Gespräch heraus. Und andere, die Ihre Situation nicht verstehen, müssen
damit leben, dass sie als Freunde im Moment (vielleicht auch
generell) nicht erwünscht sind.

Wieweit Sie die eigene gesundheitliche Situation mit Freunden, Kollegen, Vorgesetzten usw. offen thematisieren, können
Sie selbst entscheiden. Meine Erfahrungen haben mir gezeigt,
dass der Umgang mit psychischen Erkrankungen, besonders

mit Depressionen und Burnout, häufig Probleme birgt. Daher rate ich, eine sehr offene Kommunikation der eigenen Thematik und Diagnose auf einige verlässliche Freunde, Berater und Behandler zu begrenzen.

3

Wahrnehmen – Würdigen – Wandeln

*Doch ich glaube nicht mehr, ich glaube keinem Händler
mehr, das Abendland ist ausgebrannt, Händler hecheln
durch das Land und preisen schon die Asche, der Fortschritt
ist ein kranker Gaul, nach außen frisch, doch innen faul,
er liegt uns auf der Tasche ...*

Klaus Hoffmann

Die persönliche Wahrnehmung der Erkrankung spielt eine wesentliche Rolle für den Heilungsprozess, denn sie beeinflusst Ihre Gefühle, Ihr Handeln und Ihren Willen zur Veränderung.

Veränderung ist eine sehr strapazierte Kategorie. Viele unserer Handlungen zielen vermeintlich auf Veränderung – Seminare, Fernsehsendungen oder auch Ratgeberbücher regen dazu an. Und den Dingen, die verändert und verbessert werden sollen, sind scheinbar keine Grenzen gesetzt:

Das Aussehen, das Gewicht, die Körperform, der Gesundheitszustand, das Verhalten, die Leistung im Büro, die sexuelle Potenz ... Auch die Methoden, die angepriesen werden, um diese Ziele zu erreichen, sind zahlreich: Cremes, Puder, Chirurgie, Fitnessstudios und -geräte, Medikamente und Nahrungsergänzungsmittel, Seminare, Therapien, Tricks, seriöse und dubiose Hilfsmittel ...

Auf den ersten Blick könnte man sagen: Dies ist Ausdruck dafür, dass wir in Zeiten leben, die Veränderungen immer wieder notwendig machen. Da muss man eben mithalten. Aber stimmt das so?

Sicherlich ist der Wille zur Veränderung tief im Menschen verwurzelt. Nicht immer stellt sich der Mensch aber ausreichend die Frage, wofür und warum er sich verändern will.

3

> Ein unreflektierter Veränderungswunsch – gepaart mit einem unrealistischen Perfektionsanspruch – kann ein größeres Problem sein als der vermeintlich dysfunktionale Zustand, der überwunden werden soll.

Auf dem Markt der Veränderungswünsche lässt sich immens viel Geld verdienen. Dies war, wenn auch in unterschiedlichen Ausprägungen, schon immer der Fall. Auch auf den mittelalterlichen Märkten saßen schon Glücksverkäufer, Trickbetrüger, Quacksalber und Glaskugelleser ...

Dass dieser Markt bis heute blüht, liegt auch daran, dass viele Menschen selbst aus Schaden nicht klug werden, denn 95 Prozent der vermeintlich erfolgreichen Veränderungsmittel bleiben langfristig wirkungslos und sind mitunter sogar schädlich.

Das liegt daran, dass langfristig eine Veränderung nur positiv wirken kann, wenn sie Ihnen als Person auch entspricht und in individueller Weise initiiert werden kann – analog zur Computertechnik ausgedrückt: Die Software mit dem Veränderungsprogramm muss zu Ihrer persönlichen Hardware passen, muss grundsätzlich kompatibel sein. Sie brauchen aber auch das passende Betriebssystem, um die Veränderungssoftware überhaupt öffnen und aktivieren zu können.

Im Folgenden lernen Sie verschiedene Strategien der Veränderung kennen, an die Sie anknüpfen können:

- Welche Veränderung wollen Sie selbst wirklich?
- Welche Ideen zum Herbeiführen von Veränderungen haben Sie?
- Haben Sie überhaupt welche?
- Wenn ja, passen diese zu den Veränderungswünschen?

Wenn Sie bereits versucht haben, etwas an sich zu verändern, aber immer gescheitert sind, liegt es vielleicht daran, dass die Veränderungswünsche nicht wirklich zu Ihnen gehörten und/oder Wege zur Veränderung nicht passend gewählt waren.

Veränderungen vollziehen sich in der Regel in drei Schritten:

Wahrnehmen

Anfangs verstellen vermeintliche Erfolge und Gratifikationen den Blick auf die fatalen und selbstschädigenden Folgen von übersteigertem Leistungsstreben. Im weiteren Verlauf einer Burnout-Erkrankung greift dann oft, ähnlich wie bei Suchtkranken, ein Mechanismus der Selbstverleugnung, der die Wahrnehmung dessen, was wirklich passiert, verhindert. Erst wenn hier, wenigstens in Anfängen, der fatale Mechanismus der Selbstüberforderung wahrgenommen wird, kann Schritt 2 erfolgen.

Würdigen

Wie kann ich das Ungewollte, die Krise, das Dysfunktionale und Krankhafte willkommen heißen als eine wertvolle Unterbrechung meiner eingefahrenen Routine? Enttäuschung wird definiert als die Spanne zwischen Erwartung und Realität. Doch in der Ent-Täuschung steckt Heilendes: Die Täuschung wird aufgehoben, ich kann jetzt sehen, wie es wirklich ist. Erwartung und Realität sind im Idealfall deckungsgleich. Nur von diesem Punkt der Wahrheit ist ein haltgebender und vertrauenswürdiger Neuanfang möglich.

Wandeln

Wandlung berührt die Dinge in ihrem innersten Kern. Und genau darum geht es in einer tiefen Krise. Wandlung verweist aber auch auf etwas, das von außen hinzukommt, für das ich mich öffnen muss – etwas, das ich nicht selbst machen, sondern nur empfangen kann: Nur so kann Wandlung gelingen.

Michael Mary unterscheidet in seinem Buch »Das Leben lässt fragen, wo Du bleibst« (siehe weiterführende Literatur im Anhang) verschiedene Schritte des Würdigens: Auch bei ihm beginnt Veränderung zunächst mit dem Annehmen der vermeintlichen Störung im Lebensfluss. Dieser Störung kann und muss man einen Sinn geben. So kann ein Betroffener sich eine neue Identität aufbauen. Ab hier ist eine gesunde und nachhaltige Veränderung möglich.

Der Soziologe Charles Duhigg beschreibt in seinem Buch »Die Macht der Gewohnheit« (siehe weiterführende Literatur) ebenfalls vier konkrete Schritte, mit denen Veränderungen in Angriff genommen werden können:

Schritt 1   Routine einer schlechten Angewohnheit erkennen
Schritt 2   Mit Alternativen experimentieren
Schritt 3   Auslöser erkennen
Schritt 4   Einen Plan entwickeln

Folgendes Beispiel soll ein Vorgehen mit diesen vier Schritten illustrieren:

Sie nehmen ständig noch zu erledigende Arbeit von Ihrem Arbeitsplatz mit nach Hause. Im Laufe einer therapeutischen Behandlung kommt dieses nun schon zur Routine gewordene Verhalten zur Sprache, und Sie wollen es gerne verändern.

Dieser erste entscheidende Schritt mag banal wirken, aber gegen die Wahrnehmung eigener Angewohnheiten sind wir oft betriebsblind. Erst bei zunehmender Durchlässigkeit erkennen wir, dass wir aus dem Gleichgewicht geraten sind. Jetzt gilt es zu überlegen: Was können Sie alternativ zur Routine »Arbeit mit nach Hause nehmen« tun? Verhalten Sie sich abweichend von Ihrer bisherigen Gewohnheit, so macht Ihre Selbstbeobachtung die tiefer liegenden Motive für das Routineverhalten deutlich: Was passiert etwa zu Hause, wenn Sie ohne Arbeit heimkommen und Zeit haben? Was passiert bei der Arbeit, wenn Sie Arbeit dort bis zum nächsten Arbeitstag unerledigt liegen lassen?

Um Ihr Verhalten zu ändern, müssen Sie nämlich zunächst verstehen, warum Sie so handeln – was die Auslöser für Ihr Verhalten sind. In unserem Beispiel könnten es folgende sein: zu hohe Arbeitsanforderungen; schlechtes Gewissen kompensieren; Leere und Langeweile zu Hause vermeiden; Distanz zum Partner/zur Partnerin oder zu den Kindern.

Haben Sie den Auslöser identifiziert, so können Sie einen Plan machen, Ihr Routineverhalten gezielt zu verändern. Für die als Beispiele formulierten Auslöser könnte Ihr Plan dann jeweils so aussehen:

- Klären Sie die Verantwortlichkeiten am Arbeitsplatz.
- Finden Sie heraus, wofür Ihr schlechtes Gewissen steht.

Belohnen Sie sich für Ihre geleistete Arbeit. Verwöhnen Sie sich.

■ Beginnen Sie damit, sich für den häuslichen Feierabend etwas vorzunehmen: Widmen Sie sich einem Hobby. Treffen Sie Verabredungen. Lernen Sie vor allem, ohne Arbeit alleine zu Hause zu sein und diesen Zustand zu genießen.

■ Regeln Sie Ihre Situation zu Hause. Vereinbaren Sie gemeinsame Zeit mit Partner/Partnerin/Kindern und Zeit, in der Sie mit sich allein sind. Nutzen Sie diese Zeit für schöne Dinge, die Ihr Herz erfreuen. Für Zeiten, die sie alleine genießen, brauchen Sie keine Arbeit als Vorwand.

Ein System, das in einem Teufelskreis verhaftet ist, kann und muss massiv gestört werden. Erst dann haben Sie die Chance auf Veränderung. Welche Richtung die Veränderung nimmt, kann nicht vorhergesagt werden und muss als Risiko in Kauf genommen werden.

Aber: Manchmal können auch kleinste Impulse große Veränderungen bewirken. Nutzen Sie also auch kleinste Möglichkeiten der Einflussnahme. Manchmal verändern Menschen gerade auf diese Weise ihr Leben dauerhaft in eine gute und gesunde Richtung.

Angst in Kraft verwandeln

Gefahr ist real. Angst ist eine Entscheidung.

Filmplakat zu »After Earth«, 2013

Um die eigene Identität zu bewahren oder auch wieder aufzubauen, müssen gerade Menschen mit Burnout sich den Ängsten stellen, die einer starken Identität im Wege stehen. Wer sich seinen Ängsten stellt, anstatt sie zu verdrängen, kann diese Ängste überwinden. Mehr noch:

In jeder Angst steckt immer ein nicht gelebtes Potenzial, das freigesetzt werden kann und das als neue Energie zur Verfügung steht.

Hierbei kann das Modell helfen, das der Psychologe und Psychotherapeut Fritz Riemann in seiner tiefenpsychologischen Studie »Grundformen der Angst« (1961) vorgelegt hat. Er konstatiert vier Menschentypen, die er als schizoide, depressive, zwanghafte oder hysterische Persönlichkeiten mit ihren jeweiligen Grundängsten charakterisiert. Trotz der Verwendung psychodiagnostischer Begriffe definiert er sie als notwendige Möglichkeiten, in der Welt zu sein. Auch sind für Riemann diese Persönlichkeitseigenschaften nicht unveränderlich, sondern bleiben immer entwicklungsfähig.

In Riemanns Theorie stehen jeweils zwei Typen einander

polar gegenüber. Dies verweist darauf, dass ein Übermaß in einer Dimension auf einen Mangel in der gegenüberstehenden zurückzuführen ist und umgekehrt. Zwei Möglichkeiten des Verhaltens stehen also immer im Verhältnis zueinander:

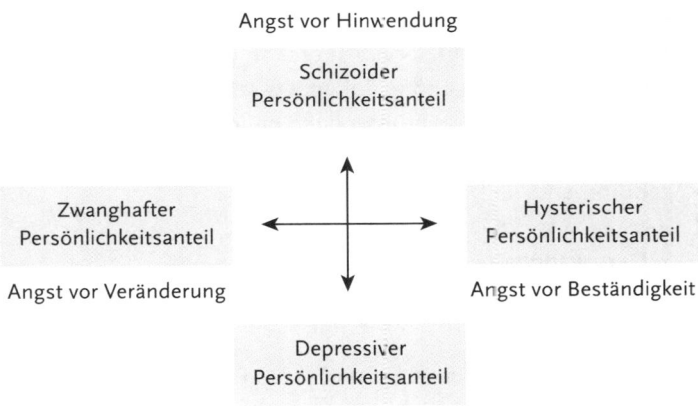

Angst vor Hinwendung

Schizoider
Persönlichkeitsanteil

Zwanghafter
Persönlichkeitsanteil

Hysterischer
Persönlichkeitsanteil

Angst vor Veränderung

Angst vor Beständigkeit

Depressiver
Persönlichkeitsanteil

Angst vor Eigenständigkeit

3

Die Dimension dieser vier Persönlichkeitspositionen mit den ihnen innewohnenden Ängsten, aber auch Potenzialen sei hier kurz dargestellt:

---

1. Der schizoide Mensch

Motto: »Ich bin das Maß aller Dinge.«

Er drängt stark nach Unabhängigkeit und meidet die Nähe anderer Menschen und Gefühle. Deshalb ist oder wirkt er sachlich und kühl, bei anderer Temperamentslage auch arrogant und aggressiv.
Er hat eine gute Wahrnehmung und kann klar seine Meinung äußern. Dies tut er meist emotionslos, mitunter auch mit Ironie und Sarkasmus. Sein Selbstwertgefühl ist sehr ausgeprägt.

2. Der depressive Mensch

Motto: »Das Maß aller Dinge sind die anderen.«

Er hat ein starkes Verlangen nach Nähe und Zuneigung. Bei Konflikten neigt er dazu, »den Kopf in den Sand zu stecken«. Selbstlos denkt er meist erst an die anderen, ist einfühlsam, hilfsbereit und geduldig. Da sein Selbstwertgefühl schwach ist, wirkt er mitunter auch hilflos und kindlich. Dabei bleibt er in seinen Ansprüchen eher schlicht und zurückgenommen.

3. Der zwanghafte Mensch

Motto: »Was immer war, ist wahr.«

Er scheut jede Veränderung und jedes Risiko. Als Perfektionist plant er präzise und konsequent sein Vorgehen, meist bis ins Detail und mitunter dogmatisch. Dabei unterliegt er auch manchmal Vorurteilen. Ordentlichkeit, Fleiß, Zuverlässigkeit und Beständigkeit sind seine Tugenden. Er ist entschlussfreudig, bei einer einmal getroffenen Entscheidung bleibt er dann auch.

4. Der hysterische Mensch

Motto: »Nur der Augenblick zählt.«

Er braucht ständige Veränderung, manchmal um der Veränderung willen. Freiheit ist ihm wichtiger als Tradition. Er genießt es, im Mittelpunkt zu stehen, und möchte bewundert werden. Dabei kann er charmant sein, aber auch oberflächlich. Imponiergehabe und Allüren sind ihm nicht fremd. Sein Denken ist ungeduldig und sprunghaft, manchmal kann er seine Versprechungen nicht einhalten.

Alle vier beschriebenen Typen können an Burnout erkranken – aber jeweils aus verschiedenen Gründen. Die Zuordnung zu einem Angsttyp ergibt also bereits mögliche Ursachen für ein Burnout und weist Wege zur Gesundung.

Was das Modell von Fritz Riemann so wertvoll macht, ist sein Hinweis auf die Polarität: Wir alle tragen Anteile dieser vier idealtypisch beschriebenen Persönlichkeitstypen in uns – es ist das Mischungsverhältnis, welches den Charakter eines Menschen bestimmt. Eine Variabilität zwischen den jeweiligen Extrempolen ist angemessen und gesund. Eine Fixierung auf einen Pol, also nur auf eine Möglichkeit des In-der-Welt-Seins, bedeutet Ungleichgewicht, Verlust von Balance und in der Folge meist Symptombildung und Erkrankung.

Fast alle Dimensionen menschlichen Seins lassen sich auf Polaritäten zurückführen. Unheil entsteht immer dann, wenn für längere Zeit eine Einseitigkeit oder ein Abweichen von der Polarität gelebt wird.

Im Kontext von Burnout wird viel von Work-Life-Balance gesprochen: Arbeit und Leben sollen sich von der gelebten Zeit, dem energetischen Aufwand und der verliehenen Bedeutung des Lebensbereichs auf längere Sicht gesehen immer wieder ausgleichen.

Spannung – Lösung
Aktivität – Entspannung
Wachzeit – Schlafzeit
Geselligkeit – Alleinsein
Gedanken – Gefühl
Kopf – Herz
männlich – weiblich usw.

Aus der Beobachtung des menschlichen Körpers lässt sich erkennen, dass auf den meisten Eberen nur drei Zustände möglich sind:

- eine Vermehrung oder Beschleunigung
- eine Verminderung oder Verlangsamung
- eine Abweichung oder Entartung

Zum Beispiel kann es auf Zellebene zu Aufbau oder Abbau kommen, Abweichungen sind dann pathologische Prozesse wie Entzündung oder Krebs. Ähnlich ist es bei unserem Herzen: Es kann schnell oder langsam schlagen, aber auch aus dem Rhythmus kommen.

Diese Beispiele schärfen die Sensibilität für den eigenen Energiehaushalt. Auf Burnout bezogen wird das erwähnte Diagnosekriterium der Selbststeuerung noch klarer: Befinde ich mich in meinem Verhalten zwischen dem ersten und dem zweiten Pol, kann ich meist zu einer verträglichen Balance zwischen den Polen zurücksteuern. Das Verlassen der Polarität in die Dimension der Abweichung bedeutet häufig, dass wir Hilfe und Orientierung brauchen, um in eine steuerbare Dimension zwischen zwei Polen zurückzufinden. Der Fall in ein Unmaß kann massive Ängste auslösen, die verstehbar sind.

Ein gesunder Organismus ist daher immer bemüht, ein dynamisches Gleichgewicht zwischen den Polen zu finden – je nach Situation und Anforderung: Unser Pulsschlag, die Atemfrequenz, die Muskelaktivität oder die Nahrungszufuhr beispielsweise ergeben sich im gesunden Zustand aus der Anforderungssituation. Hierbei ist die Variationsbreite zwischen den Polen mitunter groß genug, um sich auch extremen Anforderungen anpassen zu können. Wichtig ist die mögliche Rückkehr zu einem mittleren Modus nach der Bewältigung einer ungewöhnlichen Anforderungssituation.

Bei Burnout-Persönlichkeiten ist dieses fließende Gleichgewicht im ökonomisch heilsamen Umgang mit der eigenen Lebensenergie das Ziel von Behandlung und Selbstmanagement.

Fazit

- Mindestens dreimal in der Woche aktivieren Sie Ihre Energie (Joggen, Fitness, Sport ...).

- Nehmen Sie sich täglich Zeit für körperliche und mentale Entspannung (Entspannungstechniken, Faulenzen, Musik hören).

- Machen Sie Übungen, die eine gute körperliche und seelische Balance fördern.

- Klären Sie Ihre sozialen Kontakte, finden Sie eine gute Balance von Zeiten mit anderen und Zeiten mit sich allein.

- Beschäftigen Sie sich bei Bedarf mit den gegebenen Anregungen zu Identität, Ängsten, Polaritäten und Charakter.

3

Blick nach vorn

- Bewege ich mich gerne und ausreichend?

- Ist mein Fernseh- und Alkoholkonsum angestiegen?

- Wie geht es mir derzeit mit meinen sozialen Kontakten?

- Wie funktioniert eigentlich Veränderung?

- Was verbinde ich mit dem Begriff Identität?

- Welche Personen, Normen und Werte tragen positiv zur Bildung meiner Identität bei? Welche negativ?

- Was ist meine größte Stärke?

- Was ist meine größte Angst?

- Was war als Kind mein Lieblingsspiel?

- Was war früher mein Traumberuf?

- Was ist meine Berufung oder Passion?

- Für welche Idole schwärme ich, vielleicht bis heute? Was können die, was ich nicht kann?
- Was bringt mich in eine gute körperliche und seelische Balance?

4

Wie geht es weiter?

Tipps für eine nach-haltige **Gesundung**

Orientierung

Gesundung

Behandlung

Selbstmanagement

Hoffnung ist nicht die Überzeugung, dass etwas gut ausgeht, sondern die Gewissheit, dass etwas einen Sinn hat, egal wie es ausgeht.

Václav Havel (1936–2011)

Kann ich wieder arbeiten?

Das Zitat von Václav Havel auf der gegenüberliegenden Seite lässt sich auf sämtliche Verläufe einer Burnout-Erkrankung beziehen. Im Idealfall kehren Sie nach der Erkrankung an Ihren Arbeitsplatz zurück und erfüllen Ihre berufliche Rolle wieder ohne Beeinträchtigungen. In der Regel wird dieses Ziel erreicht. Ihr wichtigstes Ziel sollte aber eine höchstmögliche Lebensqualität sein. Manchmal kann es dafür auch andere Wege geben: Kündigung, Umschulung oder Berentung – Rückzug ist eine realistsche Option, die Burnout-Persönlichkeiten zum übergeordneten Ziel nachhaltiger Gesundung und Zufriedenheit hinführt.

Nach Wochen und Monaten der Erkrankung und Behandlung stellt sich die Frage: Kann ich wieder arbeiten? Gerade bei psychischen Erkrankungen, insbesondere bei Burnout, ist der konstruktive Umgang mit dieser Frage der Schlüssel zu einer dauerhaften Gesundung. Bei Erkrankungen, die durch körperliche Symptome definiert werden, verhelfen am Ende objektive Befunde wie Laborwerte, Röntgenbilder und Funktionstests zu der nötigen Klarheit. Die Entscheidung über einen beruflichen Neuanfang liegt dann eher in den Händen der behandelnden Ärzte. Bei psychischen Erkrankungen sollte der verantwortliche Arzt auch ebenso der wichtigste Ratgeber sein. Er bleibt aber auf die Mithilfe des Patienten angewiesen, denn psychisches Befinden und persönliche Belastbarkeit sind weniger objektiv messbar. Ein längeres Gespräch ist notwendig, um an Klarheit zu gewinnen. Ist es der richtige Zeitpunkt, an den Arbeitsplatz zurückzukehren, oder ist es noch zu früh? Tauchen eventuell Themen auf, die bislang nicht erkennbar waren, zum Beispiel Arbeitsplatzkonflikte?

Die zwei folgenden Beispiele illustrieren die Spannbreite dieser Frage:

Geldsorgen

Rainer Merk, 46, Luftfahrttechniker, war nach langen Monaten beruflicher Überlastung und einigen ungeklärten Konflikten am Arbeitsplatz von seinem Hausarzt krankgeschrieben worden. Nach vier Wochen beginnt er eine ambulante Psychotherapie und lässt sich pflanzliche Antidepressiva verschreiben. Eine weitere Woche später teilt er seinem Arzt mit, er würde gerne wieder arbeiten. Er fühle sich besser, die Behandlung habe ja jetzt begonnen und er würde auch wieder gebraucht. Außerdem käme er demnächst von der Entgeltfortzahlung ins Krankengeld, und das könne er sich derzeit wegen Familie, Nachwuchs und Hausbau nicht leisten. Die Arbeitsplatzkonflikte erwähnte er gar nicht. Der Hausarzt steht vor einer schwierigen Frage: Kann er der Wahrnehmung und den Motiven des Patienten vertrauen? Oder muss er Herrn Merk vor sich und seinen Ansprüchen an sich selbst durch weitere Krankschreibung schützen?

Diese Fragen tauchen zum vermeintlichen Ende einer Burnout-Erkrankung öfter auf. Die Gefahr einer falschen Selbsteinschätzung ist wie gesehen gegeben, da sie symptomatisch für das Burnout-Syndrom ist. Das gesellschaftliche Umfeld (Arbeitgeber, Kollegen, Partner, Freunde) bestärkt manchmal eine schnelle Rückkehr zum Arbeitsplatz, doch geschieht dies oft aus egoistischen Gründen. Der Persönlichkeit des Arztes kommt in diesem Falle oft die Rolle des Züngleins an der Waage zu. Einerseits hat er zum wirklichen Wohle des Patienten zu entscheiden, andererseits kann er dessen Wünsche und Motive, etwa den ökonomischen Druck, auch nicht einfach ignorieren.

Eine Möglichkeit besteht darin, als sanften Einstieg in die Arbeitsfähigkeit eine berufliche Wiedereingliederung anzuregen (siehe nächstes Kapitel).

Angst vor dem Wiedereinstieg

4

Karin Püschel, 51, ist Kindergärtnerin. Nach einem Zusammenbruch und darauffolgender Krankschreibung verlor sie zunehmend die Fähigkeit, ihre Tagesstruktur aufrechtzuerhalten. Die Einweisung in eine Tagesklinik war notwendig und hilfreich. Im Anschluss folgte eine medizinische Rehabilitation von sechs Wochen. Frau Püschel war hierfür in einer Klinik, die ein spezielles Burnout-Behandlungsprogramm für Menschen aus sozialen Berufen anbietet. Trotz Besserung ihres Zustands wurde Frau Püschel arbeitsunfähig aus der Klinik nach Hause entlassen. Ihre behandelnde Psychiaterin wollte nach zwei weiteren Wochen der Krankschreibung mit ihr über eine Rückkehr an den Arbeitsplatz sprechen, was bei Frau P. eine neue Welle der Verunsicherung und Angst auslöste.

Je länger eine Phase der Arbeitsunfähigkeit andauert, desto stärker wächst damit die Verunsicherung: Werde ich mein Arbeitspensum jemals wieder schaffen? Die beschriebene Unsicherheit bezüglich der eigenen Arbeitsleistung entsteht auch bei Menschen, die aus anderen Gründen langzeiterkrankt waren und psychisch gar nicht beeinträchtigt sind. Manche Arbeitnehmer kennen dieses Phänomen der Angst vor Überforderung und Unsicherheit auch bereits nach einem Urlaub von drei oder vier Wochen.

Da ein Burnout-Syndrom stark an den Umgang mit beruflichen Belastungen gekoppelt ist, ist der Übergang allerdings besonders sensibel. Frau Püschel braucht jetzt Ermunterung und Zuspruch. Auch in diesem Fall ist es gut, die Maßnahme einer beruflichen Wiedereingliederung als praktische Arbeitserprobung anzubieten. Eine weitere Krankschreibung ist hier meist nicht sinnvoll. Die Verunsicherung schwindet eher durch die Rückgewinnung der Arbeitskompetenzen am Arbeitsplatz.

Im Falle von Frau Püschel war es hilfreich, dass ihre Vorgesetzten und Kolleginnen ihr wohlgesonnen waren. So gelangen ihr mit der von ihrer Ärztin eingeleiteten beruflichen Wiedereingliederung die Überwindung der eigenen Unsicherheit und eine erfolgreiche Rückkehr an ihren Arbeitsplatz.

Arbeitsweg zur Probe

Wenn Sie nicht wissen, ob der Zeitpunkt gut ist, an den Arbeitsplatz zurückzukehren, machen Sie folgendes Experiment:

Gehen Sie noch während der Krankschreibung morgens wie gewohnt den Weg bis direkt vor die Arbeitsstelle. Diese Nähe bewirkt eine reale Erfahrung mit Gefühls- und Gedankenqualitäten und eine größere Ehrlichkeit zu sich selbst. Mögliche Ergebnisse:

> Der Zeitpunkt der Arbeitsfähigkeit ist erreicht.
> Es ist noch zu früh, an den Arbeitsplatz zurückzukehren.
> Sie erinnern sich an ungelöste Arbeitsplatzkonflikte. Rückkehrgespräch bzw. berufliches Wiedereingliederungsmanagement (siehe S. 163–165) kann dann als geeignete Maßnahme zur Problemlösung geplant werden.

Mit halber Kraft:
Berufliche Wiedereingliederung

Die Rückkehr an den Arbeitsplatz ist für Langzeiter-
krankte, egal welcher Art die Erkrankung war, immer
eine Herausforderung. Manche Arbeitnehmer spüren eine ähnliche, leichte Verunsicherung schon nach drei Wochen Som-
merurlaub und brauchen eine entsprechende Zeit am Arbeitsplatz, um sich wieder einzugewöhnen. Bei Erkrankungen, die
das Selbstbewusstsein erschüttert haben, ist diese Verunsicherung natürlich umso größer. Hier hat sich die »stufenweise betriebliche Wiedereingliederung – Hamburger Modell« als Ein-
stiegshilfe sehr bewährt. Geregelt wird diese Maßnahme durch
das SGB IX im § 84. Ich empfehle dabei folgendes Vorgehen:

Berufliche Wiedereingliederung – SCHRITT FÜR SCHRITT

> Zunächst erkundet der Erkrankte, ob die betriebliche
> Wiedereingliederung vom Arbeitgeber als Maßnahme
> vorgesehen und akzeptiert wird. Dieser darf ein solches
> Ansinnen nämlich auch ohne Nennung von Gründen
> verweigern.

> Im positiven Fall erstellt der behandelnde Arzt auf einem
> den Ärzten vorliegenden Formular in Abstimmung mit
> Ihnen einen Plan zur Wiedereingliederung: Der könnte
> zum Beispiel lauten, dass Sie zunächst mit der Hälfte der
> üblichen wöchentlichen Arbeitszeit beginnen, um dann
> in Stufen von ca. zwei Wochen die volle Arbeitszeit zu er-

reichen, womit die Wiedereingliederung nach etwa sechs Wochen beendet wäre. Auch eine kürzere oder längere Phase der Wiedereingliederung ist möglich.

> Der ausgearbeitete Plan zur Wiedereingliederung wird danach vom Arbeitgeber durch Unterschrift bestätig oder gegebenenfalls für gewünschte Abänderungen an den Arzt zurückgegeben.

> Im positiven Fall geht der letzte Teil des Formulars an den zuständigen Kostenträger für Krankengeld, der ebenfalls zustimmen muss.

Wichtig zu wissen:

- Während der Wiedereingliederung bleiben Sie als Arbeitnehmer weiter krankgeschrieben und erhalten Krankengeld von der Krankenkasse, manchmal auch von einem Sozialversicherungsträger oder einer Unfallversicherung.

- Das volle Gehalt bezahlt der Arbeitgeber erst wieder mit Ende der Wiedereingliederung. Manche Arbeitgeber bezahlen einem erkrankten Arbeitnehmer auch für einen bestimmten Zeitraum die Differenz zwischen Krankengeld und üblichem Gehalt.

- Während der Wiedereingliederung können Sie Urlaub in anteiliger Länge nehmen. Auch Tage erneuter Arbeitsunfähigkeit sind mit ärztlicher Bescheinigung möglich. Wenn eine erneute Arbeitsunfähigkeit länger als sieben Arbeitstage umfasst, gilt die Wiedereingliederung als gescheitert. Sie kann aber bei Einverständnis aller Beteiligten neu begonnen werden.

- Alle Beteiligten haben die Möglichkeit, die Maßnahme vorzeitig zu beenden.

Individuelle Vereinbarungen

Neben der zeitlichen Dimension einer betrieblichen Wiedereingliederung ist auch die Qualität der Arbeit definierbar.
So kann zum Beispiel die Vereinbarung getroffen werden, dass für einen benannten Zeitraum primär nur die sich angesammelten Aufgaben abgearbeitet und keine tagesaktuellen Aufgaben gegeben werden. Für Außendienstmitarbeiter ließe sich vereinbaren, dass erst nach einer definierten Vorlaufzeit wieder Kundenbesuche aufgenommen werden.

4

Eine Chance: Betriebliches Eingliederungsmanagement

Wenn Arbeitnehmer nach mehrwöchiger Erkrankung an ihre Arbeitsplätze zurückkehren, werden sie von ihren Arbeitgebern durchaus unterschiedlich »empfangen«. War das Verhältnis zum Arbeitgeber bislang unbelastet und »normal«, so kann sich dies möglicherweise ändern. Wie auch sonst im Leben ist bei Sonnenschein meistens alles gut und schön. Qualität und Tragfähigkeit einer Beziehung zwischen Menschen, sei es in beruflichem oder privatem Kontext, zeigen sich oft erst, wenn Wolken aufziehen und der Kontakt belastet wird.

Was den eigenen Arbeitsplatz angeht, hat man ja oft schon eine Ahnung, was einen erwartet. Wenn nicht aus eigener Erfahrung, so ließ sich aus dem Umgang des Arbeitgebers mit Kolleginnen und Kollegen ein Bild zur Betriebskultur in Sachen Krankenstand machen.

Natürlich stellt der längere Ausfall eines Mitarbeiters für einen Arbeitgeber eine organisatorische und betriebswirtschaftliche Herausforderung dar. Dennoch hat er für seine Mitarbeiter auch eine Fürsorgepflicht. Aus dieser heraus sollte er seinen Mitarbeitern, die länger als sechs Wochen im Jahr krankheitsbedingt fehlten, das Betriebliche Eingliederungsmanagement anbieten. Sie als Arbeitnehmer können dies aber auch selbst anregen. Viele Unternehmen haben die Modalitäten in einer Betriebsvereinbarung festgelegt, die jeder Arbeitnehmer einsehen kann. Die rechtliche Seite des BEM wird geregelt im SGB IX, § 84, Absatz 2. Da Arbeitgeber, je nach Größe und Betriebsform, sehr unterschiedlich mit diesem Verfahren umgehen, ist es für den Menschen mit Burnout immer von Vorteil, ein wenig Sachkenntnis vom betrieblichen Eingliederungsmanagement zu haben.

Ein Beispiel für einen guten Umgang damit gibt folgende Fallgeschichte:

Conny Walter kommt nach einigen Wochen der Arbeitsunfähigkeit zur Beratung. Ihre Diagnose lautet »Belastungsreaktion und Depression, mittelgradige Episode«. Außerdem hat sie eine ausgeprägte Schmerzsymptomatik im Rücken. Ein mehrwöchiger Krankenhausaufenthalt liegt hinter ihr, eine ambulante Psychotherapie hat sie begonnen.

Von Beruf ist Frau Walter Pharmazeutisch-technische Assistentin (PTA) in einer Klinik. Ihre Beschwerden begannen, als sich vor drei Jahren die Arbeitsplatzbedingungen im Rahmen von Umstrukturierungen stark veränderten. Auch wechselte zwei Mal die zuständige Vorgesetzte. Die Personalabteilung der Klinik lädt sie nun zu einem BEM-Gespräch ein.

Frau Walters wichtigstes Anliegen ist, dass ich ihr bei der Zurückweisung dieses aus ihrer Sicht ungeheuren Anliegens seitens ihres Arbeitgebers helfe. Sie überlege, einen Rechtsanwalt einzuschalten.

Zunächst informiere ich sie über Sinn und Zweck der vorgeschlagenen Gespräche. Ich bitte Frau Walter auch, ihre laufende Psychotherapie zu nutzen, um ihre gefühlsmäßig so ablehnende Haltung zu dieser betrieblichen Form des Umgangs mit Schwierigkeiten am Arbeitsplatz zu hinterfragen. Ich brauchte noch einen weiteren Beratungstermin, um Frau Walter zur Wahrnehmung des Termins zu überreden. Entscheidend dabei war auch, dass sie ein wenig besser verstand, dass ein solcher Termin ihr durchaus nutzen und sie auch Personen ihres Vertrauens in die Gespräche einbeziehen kann. Neben einer Kollegin aus dem Betriebsrat bat sie auch mich, beim ersten Termin zu erscheinen. Mit einer Vertreterin der Personalabteilung und der Betriebsärztin waren wir schließlich zu fünft. Von Seiten der Klinik gab es verschiedene konstruktive Vorschläge, wie man Frau Walters Arbeitsplatzsituation entlasten könne. Dennoch blieb diese entweder gekränkt reserviert oder unterschwellig aggressiv. In einem Nachgespräch erzählte sie, dass sie durch die Therapie einen ungeklärten Konflikt mit einer Kollegin wiedererinnert hatte. Die Kollegin hatte kurzzeitig die Leitungsfunktion innegehabt und sich wegen ihres sehr autoritären und unsachlichen Führungsstils nicht nur bei Frau Walter sehr unbeliebt gemacht. Auf Druck von verschiedenen Seiten hin gab die Kollegin die Leitungsfunktion ab und kehrte in den normalen Dienst zurück. Frau Walter sah sie während der Arbeit nur selten, war aber seitdem gefühlsmäßig schon beim Denken an die frühere Vorgesetzte sehr aufgewühlt. Ich besprach mit Frau Walter, dass sie beim nächsten BEM-Gespräch eine Mediation (siehe S. 172) anregen könne. Zu meiner Überraschung reagierte Frau Walter schnell positiv auf diesen Vorschlag. Die weiteren BEM-Gespräche liefen dann sehr konstruktiv: Frau Walter ging auf die gemachten Veränderungsvorschläge der Abteilungsleitung ein und begann nach Ende des letzten BEM-Gesprächs eine berufliche Wiedereingliederung. Während dieser Zeit führte eine Zusammenkunft mit einer externen Mediatorin dazu, dass Frau Walter für die Begegnungen mit ihrer ehemaligen Vorgesetzten und jetzigen Kollegin einen sachlichen und distanzierten Umgang finden konnte. Ihre Schmerzproblematik und andere unangenehme Körperreaktionen, die sich sonst während der Arbeit oft einstellten, verbesserten sich deutlich. Nach acht Wochen Wiedereingliederung nahm Frau Walter ihre Arbeit in Vollzeit erfolgreich wieder auf.

Auch wenn BEM-Gespräche weniger positiv als in diesem Fall verlaufen können, sollte man sich gut überlegen, ob man seine Teilnahme, die freiwillig ist, verweigert. Was sonst danach folgt, ist meist weniger konstruktiv und zielführend.

Was zu tun ist, damit das BEM zu einer Chance wird:

■ Nehmen Sie nach Einladung zu einer solchen BEM-Maßnahme konstruktiv Kontakt mit dem Arbeitgeber auf und signalisieren Sie Bereitschaft zu solchen Gesprächen. Informieren Sie sich, wer daran teilnehmen soll.

■ Finden Sie eine oder mehrere Personen, die Sie zu einem solchen Gespräch begleiten. Dies können betriebsinterne Personen (Betriebsrat, Mitarbeitervertretung, Sozialdienst etc.) sein, aber auch externe Personen. Es ist klug, diese dem Arbeitgeber vorher zu nennen und um Zustimmung zu bitten.

■ Es ist immer gut, die eigene Gefühlslage zu der Situation am Arbeitsplatz zu klären. Unterstützung durch Beratung oder Therapie ist für diesen Aspekt wichtiger als juristischer Beistand.

■ Eine gute inhaltliche Vorbereitung für die Gespräche ist absolut notwendig. Die Leitfrage hierzu lautet: Was will ich für mich und auf welche Weise durch das BEM erreichen?

Thematische Orientierung beim BEM-Gespräch bieten die bekannten Risikofaktoren, die ein Burnout am Arbeitsplatz begünstigen:

> wenig Anerkennung für (subjektiv) viel Engagement
> Erfolge werden nicht rückgemeldet
> wenig Kontrolle und Entscheidungsspielraum
> Gefühl, willkürlich behandelt zu werden
> keine soziale Unterstützung

> Gefühl, allein oder angefeindet zu sein
> Arbeitsplatzunsicherheit
> schnelle betriebliche Umstrukturierungen
> mangelnde Aufstiegsmöglichkeiten
> fehlende Fort- und Weiterbildung

Es kann hilfreich sein, eventuelle Begleitpersonen bereits hier einzubeziehen.

Das zu jedem BEM-Gespräch von Seiten des Arbeitsgebers verfasste Protokoll ist in jedem Fall aufmerksam zu lesen; es empfiehlt sich auch, es von einer der Vertrauenspersonen gegenlesen zu lassen. Nur ein als stimmig und richtig empfundenes Protokoll sollte man unterschreiben. Durch die Unterschrift geben Sie das Einverständnis, die im Protokoll vereinbarten Maßnahmen umzusetzen.

Das hier vorgestellte BEM muss in Abgrenzung gesehen werden zu sogenannten Rückkehrgesprächen oder Ähnlichem. Hier hat die Opel AG eine fragwürdige Berühmtheit erlangt: Dort wird jeder Mitarbeiter schon nach einem Tag der Arbeitsunfähigkeit zu einem Rückkehrgespräch mit dem Vorgesetzten eingeladen. Die Folge: weniger Fehltage, aber Mitarbeiter gehen regelmäßig krank zur Arbeit. Auf Dauer ist dies keine gute Strategie des Arbeitgebers. Immerhin wurde gerichtlich erreicht, dass solche Gespräche mitbestimmungspflichtig sind, also ein Betriebsrat (wenn vorhanden!) zustimmen muss, seine Zustimmung aber auch verweigern kann. Wer Zweifel hat, sollte sich also beim Arbeitgeber sowie bei der Arbeitnehmervertretung und Kollegen rückversichern, um was es sich bei so einer Gesprächseinladung nach einer Krankheit tatsächlich handelt.

Wenn es nicht mehr geht: Aufhebung oder Kündigung

Bei Krisen und Langzeiterkrankungen, vor allem mit psychischer Diagnose, gilt grundsätzlich: Alle grundlegenden Entscheidungen, ob im privaten oder beruflichen Bericht, sollten verschoben werden, bis Sie wieder festen Boden unter den Füßen spüren. Dies verhindert, dass Sie eine Entscheidung treffen, die Sie nach Überwindung der Krise eventuell bereuen.

Dies betrifft alle eigenen Initiativen bei Problemen am Arbeitsplatz. Vorbeugend ist es aber immer sinnvoll, sich fachliche Unterstützung zu sichern. Diese sollte bei Arbeitsplatzkonflikten, drohender Kündigung oder Angebot eines Aufhebungsvertrages immer durch einen Fachanwalt erfolgen. Auch Kontaktaufnahme zu einer Arbeitnehmervertretung, zum Betriebs- oder Personalrat etc. kann positiv wirken. Das Gefühl, nicht alleinzustehen mit der eigenen belastenden Situation, wirkt sich immer positiv aus.

Die zweite Unterstützung betrifft direkt die Psyche: Beratung und Therapie helfen Ihnen dabei, Sorge und Panik von realistischer Bedrohung zu unterscheiden. Zumindest das subjektive Befinden kann hier manchmal deutlich gebessert werden. Im Hinblick auf noch ausstehende konkrete Auseinandersetzungen ist das eine nicht zu unterschätzende Verbesserung der Situation.

Mediation

Bei eskalierten Konflikten am Arbeitsplatz kann eine Mediation hilfreich sein. Als neutrale und professionelle Person wird eine Mediatorin oder ein Mediator hinzugezogen. Voraussetzung ist das Einverständnis aller Beteiligten und der Betriebsleitung, nicht zuletzt wegen der vom Arbeitnehmer zu bezahlenden Unkosten. Der Mediator führt zunächst vorbereitende Einzelgespräche mit den Beteiligten, um dann in gemeinsamen Gesprächen mit den am Konflikt beteiligten Personen eine einvernehmliche Lösung zu finden.

Wie so häufig bei Regeln gibt es auch hier Ausnahmen, die die Regel letztlich bestätigen. Das folgende Beispiel zeigt, wie notwendig eine schnelle eigene Entscheidung im beruflichen Feld ist:

Yasemin Ünal kommt mit der Diagnose »Erschöpfung und Depression, leichte Episode« in meine Beratung. Die Apothekerin hat seit Beginn ihres Arbeitsverhältnisses vor einem Jahr einen schweren Stand bei ihrem Chef. Immer bekommt sie ungeliebte Schichten zugewiesen und wird zunehmend nicht nur vom Chef, sondern auch von einigen Kolleginnen gemobbt. Mehrere Versuch von Frau Ünal, mit Gesprächen die Lage zu verbessern, scheitern an der Uneinsichtigkeit des Chefs. Schließlich bricht sie während eines Wochenenddienstes in der Apotheke zusammen. Es erfolgt eine Krankschreibung durch ihre Hausärztin. Als sie in meine Beratung kommt, hat sich ihre psychische Situation trotz der schon vor zwei Monaten begonnenen Psychotherapie und mehrwöchiger Krankschreibung kaum verbessert. Tief sitzt die Kränkung über die erfahrene Entwertung und das Unverständnis, warum man sich ihr gegenüber so verhält. Möglichkeiten wie in größeren Unternehmen, durch Einschalten des Betriebsrats, eines Mobbingbeauftragten oder durch Umsetzung eine Lösung zu finden, fielen bei diesem Arbeitsverhältnis weg. Auch eine angeregte Mediation wurde verweigert.

Auch nach weiteren Wochen verbesserte sich Frau Ünals Zustand nicht. Es wurde sogar zeitweilig eine Klinikeinweisung erwogen.

Meine Frage, ob sie sich auch eine Kündigung ihrerseits vorstellen könne, brachte die positive Wendung: Frau Ünal meinte, sie suche schon seit einigen Wochen nach einem neuen Arbeitgeber und würde sofort kündigen, wenn sie nicht mit der üblichen Sperrfrist wegen eigener Kündigung mit drei Monaten Arbeitslosengeld rechnen müsste. Ich riet Frau Ünal zur »Kündigung aus gesundheitlichen Gründen auf ärztliches Anraten«. Von dieser Möglichkeit hatte sie bislang nicht gewusst, in kurzer Zeit setzte sie sie erfolgreich um. Erst als sie wusste, dass sie weder ihre extrem belastende Arbeit wieder aufnehmen musste noch existenziell unter Druck stand, besserte sich ihre gesundheitliche Situation. Acht Wochen später fand sie eine Neuanstellung bei einer anderen Apotheke und nahm ihre Arbeit wieder auf.

Das erwähnte Verfahren dieser Form der Kündigung verläuft wie folgt:

Kündigung aus gesundheitlichen Gründen – SCHRITT FÜR SCHRITT

> Zunächst sollte ein Termin bei der Agentur für Arbeit gemacht werden. Grund: Beabsichtigte eigene Kündigung aus gesundheitlichen Gründen und auf ärztliches Anraten (weisen Sie auf die besondere Dringlichkeit hin).

> › Für das Gespräch sollten Sie einen »Dreizeiler« des behandelnden Arztes, wenn möglich auch eines Psychiaters, mitbringen, der besagt, dass mit einer Gesundung der Patientin an diesem Arbeitsplatz nicht zu rechnen und ein weiter bestehendes Arbeitsverhältnis nicht zumutbar und unvernünftig sei.

> › Es erfolgt eine Beratung bei der Agentur für Arbeit zur Abklärung, ob Sie wegen Ihres Burnout aus subjektiver Not und Fehleinschätzung eventuell vorschnell gehandelt haben.

> › Bei erfolgter Zustimmung durch die Agentur für Arbeit kann die eigene Kündigung vorgenommen werden ohne Sperrfrist für Leistungen.

> › Es gelten dennoch die üblichen und vertraglich vereinbarten Kündigungsbedingungen.

Auch wenn dieses Vorgehen bei Frau Ünal sinnvoll war, sollte dieser Schritt immer wohl überlegt und durch Beratung eines Fachanwalts abgesichert sein. Bei langer Betriebszugehörigkeit etwa sollte eine eventuell verhandelbare Abfindung bzw. längerfristige Freistellung bei Lohnfortzahlung durch einen Aufhebungsvertrag nicht leichtfertig verschenkt werden. Da sich Burnout-Persönlichkeiten trotz schlechter Erfahrungen oft stark mit dem bisherigen Arbeitsplatz identifizieren, fällt ihnen ein manchmal notwendiges Verlassen dieser Arbeitsstelle schwer. Hier können psychologische Beratung und Therapie dabei helfen, die persönlichen Anteile an dieser selbstschädigenden Haltung zu klären.

Berufliche Rehabilitation –
Hilfe für einen Neuanfang

*Wenn du entdeckst, dass du ein totes Pferd reitest,
steige ab.*

Weisheit der Dakota-Indianer

4

Wenn sich bei einer Langzeiterkrankung abzeichnet, dass die
Rückkehr in den bisher ausgeübten Beruf aus gesundheitlichen Gründen nicht sinnvoll ist, besteht die Möglichkeit, einen
Antrag für eine berufliche Rehabilitation zu stellen. Rechtlich
geregelt ist das Verfahren unter anderem durch das SGB IX, §§
33 bis 54.

Wenn bereits 15 Jahre Beiträge in die Rentenversicherung
bezahlt worden sind, ist der zuständige Rentenversicherer Ihr
anzusprechender Kostenträger. Sonst kann man sich mit seinem Antrag an die Agentur für Arbeit wenden.

Im positiven Fall werden geeignete Hilfen zur Teilhabe am
Arbeitsleben bewilligt. Diese können sehr unterschiedlich aussehen und hängen von der Situation des Betreffenden ab:

Von Feststellungsmaßnahmen über Weiterbildungskurse,
Hospitation, Praktika, Existenzgründerzuschüsse bis hin zu
Umschulungen werden Arbeitnehmer an ein neues Arbeits-
feld herangeführt.

Häufig wird dieser Antrag auf berufliche Rehabilitation
schon aus der medizinischen Rehabilitation heraus gestellt,

wenn sich dort als Zwischenergebnis eine notwendige Neuorientierung am Arbeitsmarkt ergibt. Dieser Ablauf ist aber keine notwendige Bedingung. Da die Zugangsbedingungen sich immer wieder ändern und stark von der individuellen Situation abhängen, sollten Sie sich unbedingt beraten lassen. Mögliche Ansprechpartner sind die regionalen Bildungsträger (siehe Anhang), die bei Bewilligung durch den Kostenträger solche Maßnahmen durchführen. Sie bieten auch häufig Sprechstunden oder sogenannte »Tage der offenen Tür« an, die Sie als Interessent wahrnehmen können. Die Beratung dieser Bildungsträger erfolgt meist solidarisch, mit Sachkenntnis der aktuellen Lage auf dem Arbeitsmarkt und bietet individuelle Tipps für den persönlichen Antrag. Auch Sozialverbände beraten mit hoher Professionalität und der notwendigen Parteilichkeit, die bei Beratung durch den Rentenversicherungsträger oder die Agentur für Arbeit nicht vorausgesetzt werden kann.

Auch in einer solchen Situation verhalten sich Menschen mit Burnout zunächst oft ängstlich oder zögerlich. Beratung und Therapie hilft dann, den notwendigen Sprung zu wagen. Meist werden die Maßnahmen der beruflichen Rehabilitation von Psychologen begleitet, die sich um die psychischen Belange und Probleme der Teilnehmer kümmern.

Kein Tabuthema:
Grad der Behinderung

Bei bleibenden körperlichen und/oder psychischen Einschränkungen nach Erkrankungen oder Unfall können Betroffene einen Grad der Behinderung (GdB) beantragen. Je nach bewilligtem Grad (20 bis 100) ergeben sich Vorteile. Unter anderem kann ein GdB etwa den Arbeitsplatz absichern.

Haushaltshilfe kann steuerlich mit 924 € geltend gemacht werden. Es gibt darüber hinaus noch einige spezielle Hilfen und Vergünstigungen, Informationen hierzu siehe Anhang.

GdB-abhängige Rechte und Nachteilsausgleiche

GdB 30
Der Steuerfreibetrag beträgt hier 310 €. Ab GdB 30 ist eine Gleichstellung mit GdB 50 (Status Schwerbehinderung) möglich, dann bestehen Kündigungsschutz und arbeitsrechtliche Vorteile. Der Integrationsfachdienst kann beansprucht werden.

GdB 40
Der Steuerfreibetrag steigt auf 430 €.

GdB 50
Ab GdB 50 besteht Status der Schwerbehinderung. Der Steuerfreibetrag beträgt jetzt 570 €. Bei Einstellung, Beschäf-

tigung bzw. Kündigung bestehen besondere Rechte der Bevorzugung bzw. des Schutzes. Neben einer Woche Zusatzurlaub besteht Freistellung von angeordneter Mehrarbeit. Vorgezogene Berentung ohne Abzüge ist möglich, es besteht auch ein besonderer Schutz bezüglich des eigenen Wohnraums. Unkosten für eine

GdB 60
Der Steuerfreibetrag steigt auf 720 €, die Pflichtzuzahlung bei der gesetzlichen Krankenversicherung wird halbiert.

GdB 70
Der Steuerfreibetrag beträgt hier jetzt 890 €. Es gibt Vergünstigungen für Fahrten zum Arbeitsplatz und auch für Privatfahrten. Die Bahncard 50 kann zum halben Preis gekauft werden.

GdB 80
Der Steuerfreibetrag steigt hier auf 1060 €. Bei bestehender Pflegebedürftigkeit gibt es Vergünstigungen beim Wohngeld und Wohnraumförderung.

GdB 90
Hier liegt der Steuerfreibetrag bei 1230 €.

GdB 100
Der Steuerfreibetrag erreicht hier 1420 €. Bei Erbschaft und Schenkung können Freibeträge geltend gemacht werden, auch kann vorzeitig über Bausparkassen- und Sparbeträge verfügt werden.

Eine diagnostizierte Belastungsreaktion etwa oder auch eine Depression reichen für einen solchen Antrag meist nicht aus. In meinen Beratungen berichten mir Burnout-Patienten aber von weiteren, zum Teil chronischen und einschränkenden Begleiterkrankungen: Bluthochdruck, Tinnitus, Diabetes, Morbus Chron, Colitis ulcerosa, Bandscheibenvorfällen usw. In solchen Fällen kann der Betroffene nach Beratung mit den behandelnden Ärzten erwägen, einen entsprechenden Antrag zu stellen.

Gerade sehr arbeits- und leistungsorientierte Menschen tun sich mit dem Schritt, einen GdB zu beantragen, verständlicherweise zunächst schwer. Das Wort Behinderung passt nicht zu ihrem bisherigen Denken und Sprachgebrauch. Dennoch sollten sich Burnout-Persönlichkeiten immer über eventuelle Vorteile, aber auch über Nachteile informieren und einen entsprechenden Nutzen abwägen. Das zuständige Versorgungsamt berät bei einem entsprechenden Antrag.

Wer sich für einen solchen Schritt entscheidet, muss sich auf ein längeres Verfahren einstellen. Von allen involvierten Ärzten werden Gutachten angefordert. Die Bearbeitungszeit kann mehrere Wochen und länger dauern. Anträge werden im ersten Angang häufig abgelehnt oder mit unzureichender Gradbewertung bewilligt. Widersprüche haben aber durchaus Aussicht auf Erfolg. Auch bei dieser Thematik ist die Einbindung eines Sozialverbandes (siehe Anhang) hilfreich und entlastend.

Nicht das Lebensende: Formen der Berentung

Bei langen und sich wiederholenden Erkrankungszeiten, eventuell auch mit mehrfach gescheiterten Versuchen, die Arbeit wieder aufzunehmen, oder Langzeitarbeitslosigkeit wird durch die Krankenkassen oft die Beantragung einer Rente angeregt.

Dies ist für viele Burnout-Persönlichkeiten noch unvorstellbarer, als einen Behindertenausweis zu beantragen. Die vormals alle anderen überragende Säule der Arbeit (siehe S. 112), früher der zentrale Aspekt der eigenen Identität, soll nun freiwillig und vorzeitig abgebaut werden? Niemals! – Das ist häufig die erste Reaktion.

Wie unterschiedlich, je nach persönlicher Situation, der Umgang mit diesem Thema ist, illustrieren die beiden folgenden Beispiele:

Loslassen nach Plan

Der Diplom-Ingenieur Gunther Strebel (aus Teil 1 und 2), 61, war nach längerer Arbeitslosigkeit infolge eines Burnout-Syndroms an einer schweren Depression erkrankt und nach Äußerung von Suizidabsichten zur stationären Behandlung in ein Krankenhaus eingewiesen worden. Er konnte stabilisiert wieder entlassen werden und begann eine ambulante Psychotherapie. Seine Bemühungen, wieder Arbeit zu finden, scheiterten allerdings. Von seinem

Therapeuten auf die Möglichkeit einer Berentung ange-
sprochen, gerät Herr Strebel zunächst in eine Krise. Erst
jetzt erkennt er seine extreme und verkrampfte Einstellung
zum Thema Arbeit. Auch war er bisher überzeugt, nur als
materieller Versorger seiner Frau und seines Sohnes geliebt
und akzeptiert zu werden. Eine Wendung in seiner starren
Haltung erfolgt durch die Einbeziehung der Ehefrau in
eine Psychotherapiesitzung. Was Herr Strebel dabei von
seiner Frau gespiegelt bekommt, berührt ihn und setzt ihn
zugleich in Erstaunen: Ehefrau und Sohn waren schon in
tiefer Sorge wegen seines Gesundheits- und Gemützustan-
des. Beide wünschten sich, dass er wieder zu sich finden
und gesund werden würde. Aber da sie ihn als zuletzt völlig
zurückgezogen erlebten, resignierten sie irgendwann. Auf
der Basis dieser emotionalen Verständigung kann Herr
Strebel mit seiner Frau neu planen: Sie rechnen aus, dass
eine Frührente, das Gehalt von Frau Strebel und der Stu-
dentenjob des Sohnes für alle zum Leben ausreichen. Herr
Strebel stellte daraufhin einen Antrag auf Berentung, dem
stattgegeben wurde.

Eine weitere deutliche Aufhellung seines Gemützustands
erfuhr Herr Strebel dann auf Anregung seines Nachbarn:
Dieser hatte im Dorf einen Verein zur Restaurierung und
Erhaltung einer alten Windmühle im Dorfzentrum ge-
gründet. Herrn Strebels Fachwissen als Ingenieur und sein
Organisationstalent fanden hier ein ideales Betätigungs-
feld. Er behielt nun auch im vorzeitigen Ruhestand das Ge-
fühl, gebraucht zu werden und nützlich sein zu können.

Dies ist ein Beispiel dafür, dass eine vorzeitige Berentung auch
gerade für chronisch Erschöpfte eine neue Chance sein kann.
Voraussetzung ist oft eine Überprüfung der eigenen, meist falschen Annahme, dass der Wert der persönlichen Identität not-

wendigerweise von Arbeit und Leistung abhängt, und die Klärung der Beziehung zu Partnern oder Angehörigen. Auch ein konstruktiver und praktikabler Ansatz für die Gestaltung des Ruhestands ist ein wichtiger Faktor des Gelingens.

Endlich gesund werden

Die Rückkehrversuche an den Arbeitsplatz verliefen bei Silke Zöllner (aus Teil 2), 54, nach mehreren längeren Phasen der Erkrankung, auch mit Klinikaufenthalten, immer schwieriger. Nach einer weiteren längeren Krankheitsepisode stellte der Medizinische Dienst der Krankenkassen eine deutlich verminderte Erwerbsfähigkeit fest. Infolge dessen wurde Frau Zöllner aufgefordert, einen Antrag auf eine befristete Erwerbsunfähigkeitsrente (EU-Rente) zu stellen. Zunächst wehrte sie sich dagegen. Auf Zureden ihrer Hausärztin stellte sie den Antrag schließlich doch. Nach Bewilligung der für zwei Jahre befristeten EU-Rente besserte sich ihr Zustand langsam.

In der Beratung erzählte mir Frau Zöllner, sie habe erstmals seit ihrer Erkrankung das Gefühl, sie könne in Ruhe ihrer Gesundung nachgehen. Früher empfand sie immer einen starken Druck, sie müsse für ihren Arbeitgeber oder die Krankenkasse schnell wieder gesund werden. Ohne diesen Druck gelang es ihr im Laufe von zwei Jahren, wirklich zur Ruhe zu kommen und durch weitere psychotherapeutische Hilfe ihre Arbeitsfähigkeit zurückzuerlangen. Schließlich fand sie eine neue Teilzeitanstellung im Empfangsbereich einer großen Facharztpraxis, durch die sie ausreichend Geld verdiente und in keine neuen Überforderungssituationen mehr kam.

Gerade angesichts dieser beiden positiven Beispiele für eine jeweilige Form der Berentung möchte ich betonen, dass es ebenso wichtig sein kann, um seinen Platz auf dem Arbeitsmarkt zu kämpfen. Manchmal kommen die Anregungen zur Beantragung einer Rente durch die Krankenkasse oder die Agentur für Arbeit primär aus Gründen der Kostenersparnis, denn bei Rentenbezug muss kein weiteres Krankengeld bzw. Arbeitslosengeld bezahlt werden. Ob diese »Anregung« für den Betroffenen zum richtigen Zeitpunkt und in angemessener Form erfolgt, wird nicht immer mit bedacht. Im Austausch mit vertrauten Personen und Behandlern muss jeder Betroffene seine Antwort auf die Frage nach einer eventuellen Berentung selbst finden. Fachliche Beratungen durch Institutionen ohne Eigeninteresse, etwa durch den Sozialverband, sind in solchen Situationen besonders hilfreich. Aber gerade auch psychologische Unterstützung kann jetzt sehr wertvoll sein: Auftauchende existenzielle Ängste und Selbstzweifel können kompensiert, Kraft für anstrengende, aber notwendige Schritte mobilisiert werden.

Wie Sie die Spur halten

Wer ein Burnout durchgemacht hat, blickt auf eine längere Odyssee zurück: Einige Zeit hatte es gedauert, bis man das Ausmaß der eigenen Erkrankung realistisch sehen konnte. Endlich fand man den Mut, sich bei Ärzten und Therapeuten Hilfe zu suchen. Weitere Behandlungen zu planen war mühsam und aufwendig gewesen, aber man hatte sich da durchgebissen. Bewegung und Entspannung im Sinne eines besseren Selbstmanagements fielen anfangs schwer, wurden aber begonnen. Maßnahmen zu einer besseren Gestaltung des Arbeitsplatzes sind in Planung und warten darauf, umgesetzt zu werden. Auch eine ambulante Psychotherapie ist beantragt und kann in Kürze begonnen werden. So sitzt ein Burnout-Patient nun am letzten Tag seiner abschließenden sechswöchigen medizinischen Rehabilitationsbehandlung auf gepackten Koffern und schaut auf das Geleistete zurück. Er kann zu Recht stolz und zufrieden mit sich sein:

»Nie wieder werde ich in so eine Krise rutschen. Mit Burnout bin ich durch, ich habe es endlich kapiert, wie es besser geht. In Zukunft werde ich mehr auf mich aufpassen. Eigentlich fängt mein Leben jetzt erst richtig an.«

So gestimmt geht er zuversichtlich in das Abschlussgespräch in der Klinik – doch was bekommt er da zu hören?

»Mit dem Tag der Entlassung heute beginnt erst die eigentliche Arbeit. Neu Gelerntes, Wiederentdecktes, die Seele Nährendes will in Ihren Alltag integriert sein. Unterschätzen Sie Ihren Perfektionsanspruch niemals. Sie spüren ihn gerade nicht, weil er sich schlafen gelegt hat. Aber er wird wieder erwachen und Sie auf Herz und Nieren prüfen. Für das Halten der guten neuen Spur ist es entscheidend, dass Sie gut vorbereitet sind und mit weiterer Unterstützung in die nächsten zwölf Monate oder länger gehen.«

Es sind die jahrelangen Erfahrungen der Klinikmitarbeiter, die aus solchen Sätzen sprechen. Ihre Ratschläge sind sehr pragmatisch.

- Zum einen braucht es eine Weiterbetreuung, die je nach Bedarf und Möglichkeiten in Form von Beratung, Therapie oder Coaching geschehen kann.
- Zum Zweiten sollten die wichtigen Elemente des Selbstmanagements weiter fortgesetzt werden. Ein wesentlicher Aspekt ist hierbei der selbst erstellte Wochenplan.

Burnout-Persönlichkeiten, die sich gegenüber solchen Hinweisen stur stellen, sind manchmal nach wenigen Monaten schon wieder in der Klinik.

Psychotherapie

Häufig wird nach einem Klinikaufenthalt empfohlen, die begonnene Behandlung mit einer ambulanten Psychotherapie fortzusetzen. Da die notwendigen Veränderungsprozesse wie gezeigt langwierig sind, ist eine Begleitung mit einem wöchentlichen Gespräch über mindestens weitere 12 Monate eine Kontrollinstanz, die hilft, in der neuen gesunden Spur zu bleiben. In der Therapie geht es dann einerseits darum, die erreichten Erfolge wertzuschätzen und zu festigen. Die Aufgabe der oder des Therapeuten besteht aber auch darin, wachsam zu sein, wenn alte Muster seitens des Patienten reaktiviert werden, und dann gegenzusteuern. Auch hier ist es für das Verständnis von Burnout wichtig, die Nähe zur Suchterkrankung zu erkennen (siehe S. 31–37): Den möglichen Rückfällen vorzubeugen und mit diesen, sollten sie denn doch passieren, konstruktiv umzugehen, ist bei beiden Krankheitsbildern unbedingt notwendig.

Coaching

Coaching ist ein der Verhaltenstherapie ähnliches Verfahren. Ein professioneller Coach kümmert sich aber nicht um die Symptome psychischer Erkrankungen und entfällt daher aus den Leistungen der Krankenkassen. Im Coaching geht es um die Analyse berufsbezogener Schwierigkeiten und um das Kreieren und Umsetzen von adäquaten Lösungen. Bei manchen Berufsfeldern, vor allem in leitenden Positionen, bieten Arbeitgeber für entsprechende Mitarbeiter ein externes Coaching an, dessen Kosten vom Arbeitgeber getragen werden. Da der Coach neutral ist und der Schweigepflicht unterliegt, können auch personenbedingte Arbeitsplatzkonflikte bearbeitet werden, ohne dass der Arbeitgeber davon erfährt.

Erkundigen Sie sich. Falls es bisher keine Coachings gab, regen Sie eines an, fragen Sie danach. Auch ein Coaching auf eigene Kosten sollte überlegt werden. Manchmal bewirken 3 Stunden mit einem Coach wichtigere Prozesse bezüglich der Arbeitssituation als 20 Stunden Psychotherapie. Das Verhältnis von Kosten und Nutzen muss natürlich bedacht werden – bei nur wenigen Stunden Coaching bleibt die finanzielle Investition aber in einem überschaubaren Rahmen.

Supervision

In sozialen Berufen wird für Mitarbeiter häufig Supervision angeboten. Ein psychologisch-pädagogisch ausgebildeter und externer Berater reflektiert mit einzelnen Mitarbeitern oder Teams schwierige Arbeitsthemen, aber auch problematische Teamstrukturen und -konflikte. Auch hier besteht die Möglichkeit, persönliche Differenzen zu besprechen und zu klären. Sollte es bisher keine Supervision geben und Sie der Meinung sein, dass Sie eine brauchen, regen Sie diesen Schritt an. Prüfen Sie auch, ob für Ihre Art der Arbeit das Einrichten einer solchen Supervision nicht sogar zwingend ist.

4

Selbsthilfegruppen

Selbsthilfegruppen funktionieren in verschiedenen Themenbereichen ganz ausgezeichnet. Vor allem im Suchtbereich gibt es jahrzehntelange positive Erfahrungen damit. Die Möglichkeiten sind je nach Stadt und Region unterschiedlich. Prüfen Sie die Angebote in Ihrer Umgebung. Wenn es speziell zum Thema Burnout nichts gibt, fassen Sie das Thema weiter: Gruppen zu Themen wie beispielsweise »Entspannt am Arbeitsplatz«, »Konflikte bei der Arbeit klären« oder »Soziales Kompetenztraining« können genauso hilfreich sein. Wichtig ist, dass Sie die Termine ohne Zeitstress und aufwendige Anfahrt wahrnehmen können. Dies entscheidet mit darüber, ob Sie auch nach drei Monaten noch dabei sind. Selbstverständlich sollten die Teilnehmer und die Atmosphäre in der Gruppe Ihnen sympathisch sein.

Fortbildungsseminare und Bildungsurlaub

Wenn durch Diagnostik und Behandlung die eigenen Anteile an der Burnout-Erkrankung klar geworden sind und erste Schritte zur Veränderung gegangen wurden, können auch die eher »technischen« Unterthemen in Angriff genommen werden:

Durch Ziel-, Zeit- und Arbeitsmanagement erhält die allmähliche Verbesserung Ihrer Arbeitssituation einen speziellen Feinschliff. Vielleicht brauchen Sie auch eine spezielle Fortbildung für PC-Anwendungen, ein Rhetorik-Seminar oder Sie erlernen ein für Sie effektiveres System, Arbeitsinhalte zu strukturieren, zu portionieren und richtige Prioritäten zu setzen.

Hierfür bieten sich entsprechende Fortbildungen, Seminare und Bildungsurlaube an. Nutzen Sie auch hier Möglichkeiten, die Ihnen als Arbeitnehmer zustehen. Wenn Sie auf den Geschmack kommen und selbst in Ihre Entwicklung investieren, umso besser. Eine Empfehlung für organisierte Burnout-Seminare in mehreren Regionen in Deutschland finden Sie im Anhang.

Wochenplan

Mir fällt seit Jahren auf, dass ein wichtiges Hilfsmittel, einen neuen Kurs zu halten, das Erstellen und Befolgen von Wochenplänen ist. Sowohl Betroffene als auch Therapeuten und Coachs in Kliniken oder eigenen Praxen bestätigen dies immer wieder. Früher fehlgeleitet durch harte innere Leitsätze (»Du musst noch mehr schaffen!«) und negative Gefühle (schlechtes Gewissen, Angst), ist es für Burnout-Persönlichkeiten wichtig, sich demgegenüber eine unabhängige und objektive Instanz zu schaffen: den persönlichen Wochenplan.

Mittlerweile sind Sie durch Beratung, Selbstmanagement und Behandlung mit dem nötigen Wissen ausgestattet, was Ihnen guttut und was nicht, entsprechend einfach kann ein solcher Wochenplan erstellt werden. Schwerer scheint es, ihn auch zu befolgen. Eventuell fühlen Sie sich gegängelt oder negativ an Ihre Kindheit erinnert, als die Schulzeiten von Stundenplänen bestimmt waren. Es fällt Ihnen aber sicher leichter, wenn sich nach einigen Monaten fühlbare Erfolge einstellen. Bis das eigene Gefühl einem wirklich das Richtige rät, kann es nach Jahrzehnten der Fehlleitung manchmal Jahre dauern. Die eigene Lebenszufriedenheit sollte der Maßstab sein:

4

> Lieber glücklich »nach Plan« als »aus dem Bauch heraus« ausgebrannt.

Der verinnerlichte Perfektionsanspruch »prüft« bei vielen Erkrankten noch nach Monaten oder Jahren, ob die neuen Lektionen in Sachen gesundes Umgehen mit sich und den Anforderungen des Lebens wirklich sitzen. Gerade beim beginnenden seelischen Höhenflug sollte ein guter Kontakt zur Bodenstation erhalten bleiben. Sonst droht der nächste Absturz. In vielen Suchtselbsthilfegruppen gibt es daher zur Wahrung einer grundsätzlich wachsamen inneren Haltung den Ratschlag:

»Geht es dir schlecht, komm zum Gruppentreffen.

Geht es dir gut, komm auf jeden Fall zum Gruppentreffen.«

Bei Hitze:
Drei Burnout-Schutzfaktoren

Nach meiner langjährigen Beratertätigkeit stellte ich mir die Frage, warum nicht alle belasteten oder gefährdeten Menschen ein Burnout-Syndrom entwickeln. Also suchte ich nach »Schutzfaktoren«, befragte Behandler und studierte Fachliteratur. Meine Aufmerksamkeit galt dem, was gesund erhält – ein Ansatz der sogenannten Salutogenese nach Aaron Antonovsky. Während die klassische Fragestellung bei einer Krankheit lautet: »Was hat mich krank gemacht? Was fehlt mir?«, fragt die Salutogenese: »Was hat mich bisher bzw. bis zur Erkrankung gesund erhalten? Und was ist davon noch da?«

Für Burnout-Persönlichkeiten, die auf Perfektion ausgerichtet sind, müssen lernen, das sprichwörtliche halb volle Wasserglas tatsächlich als halbvoll anzusehen. Denn die Rückbesinnung auf frühere Ressourcen und deren Neuentdeckung helfen dabei, Burnout zu heilen.

Die Frage nach krankmachenden Faktoren wird bei diesem Ansatz wie in einer Musikkomposition von der zweiten Stimme der Salutogenese begleitet, die zur Wiederausrichtung auf das Gesunde und Heilsame hinführt. So lassen sich immer auch gesundheitserhaltende Faktoren identifizieren, welche die Entwicklung eines Burnouts rückgängig machen oder gar verhindern.

Aus einer Mehrzahl von schützenden Faktoren sind mir die drei folgenden die wichtigsten:

Ich-Stärke: Mut zum »Nein«

Unter Burnout-Persönlichkeiten gibt es auffallend viele Menschen mit außergewöhnlichen Fähigkeiten. Mit großer Willensstärke und Disziplin haben sie sich zum Teil sehr markante und prominente Positionen erobert. Sie sind oder waren erfolgreich, haben mitunter sehr viel Geld, Ruhm und Ansehen erlangt. Dennoch fehlt jenen, die später erkranken, genau das, was sie durch ihre Großspurigkeit, exzentrischen Auftritte und Machtdemonstrationen zu kompensieren versuchen, nämlich wirkliches Selbstbewusstsein. Sichtbar wird dies erst, wenn die Maskerade wegfällt, denn Krankheit macht immer nackt und ehrlich: Dann sitzen solche Persönlichkeiten manchmal weinend vor mir, wissen nicht mehr, was sie tun sollen, wissen oft gar nicht mehr, wer sie wirklich sind, wer sie einmal waren, geschweige denn, wer sie sein wollen. Dies verbindet sie mit Burnout-Persönlichkeiten, die viel unscheinbarer sind, etwa der zähe Einzelkämpfer in der Buchhaltung, der alle Arbeit an sich reißt, oder die multitasking-fähige, alleinerziehende und berufstätige Mutter, die weitgehend fremdbestimmt ist. Trotz äußerer Unterschiede haben alle Menschen mit Burnout gemeinsam, dass sie aus mangelndem Selbstwertgefühl an entscheidenden Punkten nicht »Nein« sagen konnten. In Gruppentherapien erlebte ich regelmäßig, dass sich ganz verschiedene Menschen auf Anhieb verstehen und sich im jeweils anderen wiedererkennen: Oft waren sie schon als Kind angepasst und sind es geblieben. Oder aber ihr späteres Aufbegehren wurde gebrochen, was die Entwicklung von Eigenständigkeit und einem positiven Selbstbild behinderte. So verwirklichen Burnout-Persönlichkeiten häufig Ziele, die gar nicht ihre eigenen sind. Erst wenn die Maske fällt, wird das eigene Gesicht deutlich und der freie Blick ins eigene Innere möglich. Letzteres ist der Ausgangspunkt jeder Therapie.

Wirklicher zwischenmenschlicher Kontakt ist nur dort möglich, wo es klare Grenzen gibt: Wo höre ich auf? Wo fängt der andere an? Können diese Fragen nicht mehr beantwortet werden, kommt es zu Beliebigkeiten oder Grenzüberschreitungen in verschiedenen Formen.

Grenzen entstehen auch durch ein klares und selbsterhaltendes »Nein«, wenn es denn angebracht ist – der Mut hierzu kann wiedererlangt werden. Klaus Hoffmann stellt in seinem Lied »Nein« die Frage: »Mutter, wer hat mich denn bloß gelehrt, mit diesem Ja und Amen zu leben?« Und fasst im Refrain den Mut zum Widerspruch: »Doch ich sag nein zu dem, der alles gut versteht und sich nach jedem Winde dreht, nur seine Regeln pflegt wie einen Heiligenschein – Nein!«

Gelassenheit: Chaos akzeptieren lernen

Viele Burnout-Persönlichkeiten sind auffällig zwanghaft und haben einen mitunter pedantischen Hang zu Perfektionismus. Ob sie nun vermeintliche Siegertypen sind (»ich werde doch nur geliebt, wenn ich gewinne«) oder kleine graue Mäuse (»ich werde nur geliebt, wenn ich lieb und brav bin«), in ihrem Ordnungssinn sind sich solche Menschen auffallend ähnlich: aufrechte Körperhaltung, perfekt gekleidet, gestylt und geschminkt, maskenhaftes Gesicht. Oft formulieren sie schablonenhafte Sätze in monotoner Tonlage, die nichts über ihren Seelenzustand verraten – auch wenn sie selbst wissen (und ich es schon ahne), dass es hinter der Fassade bröckelt oder eine erschreckende Leere sich auftut: Der Schein muss gewahrt werden. Wie Fritz Riemann es beschrieben hat: Dem im Zwang gefangenen Menschen fehlt die Mir-doch-egal-was-andere-denken-Haltung. Erst wenn man auch mal »fünfe gerade sein lassen« kann, entsteht Raum zum Atmen, zum Ausruhen und Entspannen.

Für die Auflockerung der Seelenstruktur stellen Kliniken künstlerische Elemente bereit: Ergotherapie bietet Raum für Arbeit am unkontrollierten expressiven Ausdruck, da wird auch mit Farbe getropft und mit schmierigem Ton gematscht. Bewegungs- und musiktherapeutische Elemente führen hin zu spontaner Improvisation und freier Bewegung.

Fazit der gelungenen Therapie könnte hier sein, sich die alte Sponti-Weisheit aus den 1980er Jahren wieder anzueignen: Ordnung ist das halbe Leben – Chaos die andere Hälfte.

4

Rollenvielfalt: Alle inneren Personen nutzen

Bei meinen Beratungen frage ich immer: Was tun Sie noch neben Ihrer Arbeit? Was bringt Ihr Herz zum Singen? Was für Hobbys haben oder hatten Sie?

Je mehr auf diese Fragen geantwortet werden kann, je mehr Feuer hier noch brennt, desto zuversichtlicher fällt meine Prognose aus. Menschen, die wissen, dass sie mit dem vorübergehenden oder längeren Verlust ihrer Arbeitsfähigkeit weder Identität noch Würde und Selbstwert verlieren, werden mit dieser schwierigen Situation leichter zurechtkommen, denn sie können sich alternative Rollen vorstellen, sich solche erarbeiten und sie ausfüllen. Die Fähigkeit, Sinn, Kraft und Zugehörigkeit auch aus anderen Lebensbereichen zu schöpfen, erinnert als Lebenskonzept an das Bild einer elastischen Zeder unter großer Schneelast: Die Zweige geben elastisch nach, bis der Schnee abrutscht und sie dank ihrer Flexibilität wieder in die Ausgangslage zurückfedern. Die starren Äste eines anderen Baumes brechen hingegen.

Spätestens an dieser Stelle wird noch einmal deutlich, dass mit ein paar schnellen Tipps bei Burnout nichts auszurichten ist. Schon die drei genannten Schutzfaktoren müssen sich Betroffene in Therapien, Nachsorge und Neugestaltung ihres Lebens mühsam erarbeiten. Das kann Monate oder gar Jahre dauern.

Ich sehe die Schutzfaktoren auch als Aufgabe einer vorbeugenden Erziehung und Pädagogik. Vielleicht wird eines Tages Burnout-Prävention Lehrfach in den Schulen sein, zusammen mit Antistresstraining und Einführung in Entspannungsverfahren. Das wäre Anlass zur Hoffnung, dass die Zahl der Menschen mit Burnout sinkt. Selbstbewusste, eigenständige, kreative und kraftvolle Kinder, Jugendliche und Erwachsene werden dann die Entscheidungen treffen, die unsere heutige Welt zum Besseren verändern.

Das Leben als Spiel

Wie sehen Sie sich? Was zeichnet Sie aus? Welche Menschen, Umstände und Erlebnisse haben Sie geprägt? Je besser Sie sich kennen, umso leichter gelingt es Ihnen, Erschöpfungszuständen vorzubeugen. Ich bin selbst krisenerfahren, ein Burnout scheint mir aber heute genauso unvorstellbar wie in meinem bisherigen Berufsleben. Warum aber?

4

Als Kind spielte ich am liebsten Kasperletheater. Ich liebte es, mir Stücke auszudenken, in denen möglichst alle Handpuppen, die ich besaß, mitspielen durften. Auch später mochte ich Rollen- und Verkleidungsspiele. Ob Prinz, Pirat oder Polizist – jede Rolle zeigte mir ihre ganz eigene Qualität und vermittelte deren Daseinsberechtigung. Meine Eltern haben das gefördert: Ich war in verschiedenen Sportvereinen, lernte Klavier und Gitarre, konnte Theater und Konzerte besuchen, schrieb Gedichte, Lieder und Kurzgeschichten. Später übte ich sehr unterschiedliche Berufe aus, trat mit meiner Gitarre auf Kleinkunstbühnen auf, spielte in Laienspielgruppen mit und war Statist bei Fernsehkrimis und Werbespots – inzwischen schreibe ich auch Bücher.

Ein solcher Lebensstil birgt auch Tücken: Mitunter verirrt man sich in der Vielfalt, kann sich beruflich nur schwer für eine Richtung entscheiden und läuft Gefahr, ziellos zu bleiben. Dafür ist man aber davor geschützt, immer nur auf die Karte Arbeit/Leistung/Geld zu setzen sowie auf die erhoffte Anerkennung daraus. Tätigkeiten ohne Zweck, Ziel und aus reiner Freude können demjenigen, der dazu in der Lage ist, eine große Kraftquelle sein (siehe S. 112–113).

Als Jugendlicher wandelte ich mich vom schüchternen Ja-Sager zum Rebellen. Schon mit 15 zu über 1,90 Meter aufgeschossen und mit bereits sprießendem Vollbart ausgestattet, ergriff ich die auslaufende Welle der 68er-Bewegung für mich als Chance: Die Haare schulterlang, ein Palästinensertuch zum olivgrünen Parka, ging ich auf Antikriegsdemonstrationen, machte bei Sitzblockaden mit und stritt mit Polizisten. Auch wenn ich im Privatleben nicht immer zu mir und meinen Werten stehen konnte, verlor ich im Kollektiv Gleichgesinnter die Angst davor, es mehr und mehr zu wagen. Meine Eltern waren sicherlich nicht glücklich über diese Entwicklung – umso mehr provozierte ich sie mit meinen Protesten. Was bei uns zu Hause nämlich ausblieb, war, dass wir uns wirklich miteinander auseinandersetzten: Meine Eltern blieben stets passiv. Dafür haben sie mich auch nicht gebrochen oder in meiner Selbstfindung massiv deformiert.

Ich stelle mir das Innenleben von Menschen gerne als die Bühne eines Kasperletheaters vor. Bei Burnout-Persönlichkeiten sehe ich dann meist nur den Polizisten (»man muss doch aber ...«) und das Gespenst (»am liebsten wäre ich unsichtbar ...«). Unsensible bzw. ausbeuterische Arbeitgeber agieren hingegen als König, Krokodil oder Räuber und sind sich ihrer seelischen Armut nicht einmal bewusst.

Für mich ist Ordnung bis heute immer wieder eine Herausforderung. Ich hatte mit meinen Eltern diesbezüglich auch meine Kämpfe. Sympathischerweise waren sie aber auch lässig in diesen Dingen und kleideten sich meist leger. Meinen Vater habe ich oft mit Dreitagebart gesehen. In der Wohnung lagen Zeitungen, Bücher, Stifte und Papierstapel umher, die Möbel waren teilweise alt, die Ledersessel im Wohnzimmer zeigten einige Kratzspuren aus der Welpenzeit unserer Hündin. Meine Eltern fühlten sich damit wohl, es gab eine angenehme Atmosphäre, in der man nicht immer fürchten musste, sich »daneben« zu benehmen: Mit Kratzern auf dem Parkettboden oder Flecken auf der Tischdecke etwa gingen meine Eltern ganz entspannt um. Schulfreunde, die bei mir zu Besuch waren, sagten mir manchmal: »Bei mir zu Hause ist es nicht so gemütlich.«

Der Nachteil davon: Diszipliniert an einer Sache dranzubleiben, die längere Aufmerksamkeit erfordert, kann für mich heute noch eine Herausforderung sein. Gleiches gilt, wenn es um Ordnung an Schreibtischen und in meiner Wohnung geht. Doch möchte ich dies nicht tauschen gegen die beengte Seele und starre Körperhaltung der Menschen, denen ich als Berater schon begegnet bin.

So könnte man als Therapieziel bei Burnout und Depression auch formulieren: Die in der Krankheit reduzierten Menschen holen wieder alle Figuren aus der Kiste, in der sie lange weggepackt waren. Sie schlüpfen wieder hinein in verschiedenste Rollen und lassen die entsprechenden Seelenqualitäten wieder zu. Natürlich ist das auch anstrengend, denn in einem solchen Ensemble innerer Figuren herrscht keinesfalls immer Harmonie. Was dann aber auf der Bühne des Lebens aufgeführt wird, ist lebendig, vielfältig, aufregend und spannend. Wie öde und langweilig dagegen ist es, wenn man Menschen begegnet, die einem nicht mehr als ihre innere Großmutter oder den Seppel präsentieren. Da fehlt das Bunte, das Närrische und Spielerische. In diesem Sinne könnten viele Patienten nach einer gelungenen Therapie singen: »Tri tra trullala, das Kasperle ist wieder da.«

Endlich!

Burnout als Heldenreise

Sie haben beim Lesen sicher schon gemerkt, dass ich gerne Sprachbilder und Metaphern verwende, um Zusammenhänge zu verdeutlichen. Auch »Burnout« hat als Metapher mehr Aussagekraft als etwa »Schwere depressive Episode ohne psychotische Symptome« oder »Rezidivierende depressive Störung, gegenwärtig remittiert«.

Je nach Zeitpunkt der Krise münden die Klagen von Menschen mit Burnout, die ich berate, in eine der drei folgenden Aussagen: »Mein Fehlverhalten ist mir ganz klar, dennoch kann ich es nicht ändern«, »Ich verstehe einfach nicht mehr, warum ich mich so verhalte« oder »Gerade bin ich nur noch müde und leer«.

Bei genauerer Betrachtung zeigen sich hier drei Stadien einer sowohl individuell als auch gesellschaftlich falschen, da einseitigen Herangehensweise an das Leben: Oberste Priorität geben wir dem geistig logischen Denken, unseren rationalen Lösungsversuchen. Durch sie wollen wir die Lösung aller Fragen finden. So versuchen wir, Ängste, Wut und andere ungewollte Gefühle aus dem Fühlen in das Denken zu ziehen, um sie dort zu »entsorgen«. Das ist oft Ursache eines quälenden Grübelns.

Immer wieder beobachte ich in meinem eigenen Leben sowie in großen gesellschaftlichen Zusammenhängen, dass Missstände zwar beschrieben und analysiert werden, die Verantwortlichen aber unfähig sind, einen Lösungsweg zu finden bzw. zu gehen. Meist fehlen dafür notwendige Qualitäten wie Mut und Abenteuerlust (um überhaupt loszugehen), Instinkt und Intuition (um auf das Unplanbare zu reagieren).

Im Fall von Burnout nutzen sich die geistigen Kapazitäten dann an der einseitigen Dauerbelastung ab, bis der vormals klare Blick eingetrübt ist. Durch die geistige Erschöpfung, die daraus resultiert, kommen bald sämtliche Fähigkeiten zum Erliegen. Die Folgen sind ein Gefühl von Leere und körperliche Müdigkeit. Lesen, Reden und lineares Denken werden zur Qual und schließlich unmöglich.

Zusätzlich kränkt der gegenwärtige Verlust jener Fähigkeiten, die einen doch vermeintlich so weit gebracht haben. Schließlich gewöhnen sich Menschen mit Burnout so sehr an diese einseitige Sichtweise, dass sie sich kaum anderes vorstellen können.

Einen Ausweg bietet der Versuch, das eigene Leben – einschließlich Krise – einmal mit den Worten »Meine Heldenreise« zu überschreiben ...

Das Bild der mythologischen Heldenreise war im Altertum der übliche Modus des Erlebens und Erzählens: Man denke an Homers *Odyssee* (bis heute eine Metapher für eine komplizierte und wechselhafte Reise oder Entwicklung) oder die *Äneis* des Dichters Vergil.

Noch im Mittelalter wurde alles Erlebte mythologisch erfasst, strukturiert und wiedergegeben, so etwa die Legende von König Artus und seiner Tafelrunde. Dabei ist es beim Mythos gar nicht so wichtig, wie viel davon tatsächlich historisch passiert ist. Viel entscheidender bleibt die seelische Wirkung, die das Hören, Lesen und heutige Sehen (Kino, Fernsehen) archaisch strukturierter und erzählter Stoffe in jedem Einzelnen auslöst.[6]

---

6 Ob *Titanic*, *König der Löwen*, *Pulp Fiction* oder *Krieg der Sterne*, alle diese Filmklassiker weisen Elemente der mythologisch zeitlosen Heldenreise auf und berühren möglicherweise unser meist unbewusstes Bedürfnis nach Mythos, was die unglaublichen Massenerfolge solcher Kino-Bilder-Geschichten mit zu erklären vermag.

Einen Wendepunkt der mythologischen Heldenreise markiert Cervantes' Roman *Don Quichotte de la Mancha* (1605/1615): Ein letztes Mal zieht ein vermeintlich integrer und ritterlicher Held aus und sucht sein Abenteuer. Doch statt gegen Drachen kämpft er am Ende mit Windmühlenflügeln und gilt als verrückt. Mancher von Burnout Betroffene wird dies nachfühlen können.

Der moderne Mensch hat die Fähigkeit weitgehend verloren, sein Leben als Helden- bzw. Heldinnenreise zu sehen und zu leben. Das ist in der Tat ein Verlust. Inzwischen haben wir uns so sehr an die angenehmen Errungenschaften der Zivilisation gewöhnt, dass wir unsere fehlende Verwurzelung in den Grundfesten unserer Existenz meist erst in Krisen bemerken. Denn nichts anderes ist der Mythos als jene Bezogenheit, die den Generationen vor uns jahrtausendelang Sinn, Trost und Kraft gegeben hat. Stattdessen haben wir heute die rationalen Wissenschaften sowie die Bilder aus der Werbung: Junge, schöne und gesunde Menschen frühstücken gemeinsam, um dann glorreich ihre Traumberufe auszuüben und abends schließlich auszugehen, die Liebe ihres Lebens zu finden und sich zu amüsieren. Wer in seinem wirklichen Leben krank oder arbeitslos ist, wer sich einsam und ohne Sinn fühlt, kann sich gegenüber der Diktatur solcher Klischees nur als nutzloser Verlierer empfinden.

Geschützt ist, wem es gelingt, sich mythologisch zu begreifen. Denn der Mythos führt wie eine Landkarte oder Wegbeschreibung durch das eigene Leben. Statt sich von verzuckerten und unrealistischen Idealbildern blenden zu lassen, könnte Ihr Lebensweg oder ein Teilabschnitt davon auch als mythologische Heldenreise mit folgenden Oberkapiteln beschrieben werden:

> Gewohnte Welt – Ruf des Abenteuers – Überschreiten der ersten Schwelle – Bewährungsproben – Verbündete und Feinde – Vordringen zur tiefsten Höhle – Entscheidende Prüfung

Wenn Sie Ihr Leben einmal auf diese Weise betrachten, steht am Anfang der hoffnungsvolle Aufbruch in die (Arbeits-)Welt, den wohl jeder von uns einmal erlebt hat. Bald kommen aber auch schon die möglichen Stolpersteine, die zwangsläufig auf dem Weg auftauchen werden. Dabei wird Scheitern als Möglichkeit durchaus einbezogen. Das wirkt entlastend, da so eine seelische Vorbereitung auf mögliche Schwierigkeiten im Umgang mit der Krise und deren Bewältigung Handlungsräume und -kompetenzen schaffen.

Eine Burnout-Krise würde in die Phase der entscheidenden Prüfung fallen. Und dieses Kapitel könnte dann wieder folgende weitere Unterkapitel haben:

> Tod und Wiedergeburt – Krise des Herzens – Opfer – Tod des Egos

Diese Begriffe kommen dem, was Betroffene mir in Beratung und Therapie an subjektiven Bildern geben, immer wieder erstaunlich nahe (siehe Interview, S. 205–214).

Der Mythos spricht aber schließlich auch von der Chance zu überleben, vom Gesundwerden und von der Heimkehr:

> Belohnung – Rückweg – Auferstehung

Zur Auferstehung passt eine weitere mythologische Symbolfigur, die es umgangssprachlich bis in unsere Zeit geschafft hat (durch die Harry-Potter-Bücher und deren Verfilmungen wurde sie sogar einem Massenpublikum bekannt) und die archetypisch das Ausbrennen und Wiedererstehen zum mythologischen Bild macht: der legendäre Vogel Phönix.

Dieser Vogel, der in vielen Regionen der Welt als Fabelwesen vorkommt, verbrennt in der mythologischen Erzählung von Zeit zu Zeit vollständig zu Asche. Und entsteht aus dieser immer wieder neu. Für Burnout-Persönlichkeiten ist dieses Tier zu Recht ein Symbol der Hoffnung: Selbst wenn ich subjektiv das Gefühl der völligen Vernichtung durchlebe, ist selbst dieses »Ausbrennen« nur eine Durchgangsphase. Verbrannt werden alte und unbrauchbare Vorstellungen und Scheinidentitäten. Wie beim Phönix besteht für mich dann aber die Hoffnung, wieder neu geboren zu werden und dabei eine Identität zu entwickeln, die stimmig ist und mich wirklich trägt.

Fazit

- Setzen Sie sich ein konkretes Datum für die Rückkehr an den Arbeitsplatz. Leben und arbeiten Sie darauf hin. Wenn das Ziel bis zu diesem Termin nicht zu erreichen ist, setzen Sie sich einen neuen Termin.

- Gestalten Sie diese Planung gemeinsam mit dem krankschreibenden Arzt.

- Nutzen Sie für die Rückkehr an den Arbeitsplatz bei Bedarf vorgegebene Strukturen wie die »Berufliche Wiedereingliederung« (Hamburger Modell) und/oder »Betriebliches Eingliederungsmanagement« (BEM).

- Bei allen arbeitsrechtlichen Themen und Fragen zum Thema Kündigung: Holen Sie sich Rat bei einem Fachanwalt.

- Bei allen Fragen zu Formen der beruflichen Neuorientierung, Berentung und Grad der Behinderung: Lassen Sie sich unbedingt beraten von einer unabhängigen Institution wie etwa dem Sozialverband Deutschland VdK oder dem Sozialverband Deutschland SoVD (siehe Anhang).

Blick nach vorn

- Was sind meine größten Hoffnungen in Bezug auf eine Rückkehr an den Arbeitsplatz? Gibt es auch Ängste?

- Was denke und fühle ich bei folgenden Begriffen: Kündigung – Beruflicher Neuanfang – Berentung?

- Wie sieht mein Plan für eine gute Nachsorge aus?

- Was waren in der Vergangenheit meine Schutzfaktoren gegen Burnout? Welche helfen mir in Zukunft?

- Welche Assoziationen habe ich zu Märchen, Büchern oder Filmen? Welche Figur oder welches Tier gleicht mir gerade? Welche Heldenreise (»Durch die Nacht zum Licht«) spiegelt meine aktuelle Situation?

»Ohne diese Höhen und Tiefen wäre ich nicht an meine Wahrheit gekommen«

Interview mit einem Burnout-Patienten

4

Stellvertretend für die vielen Menschen, die ich in Beratungen und Therapien begleiten durfte, möchte ich einen Helden im Gespräch von seinem Weg durch eine schwere Krise erzählen lassen.

Bernd Gärtner (Name geändert) ist 38 Jahre alt, war bei einem Radiosender Moderator einer »Morgenshow« und erlitt auf Sendung, live on air, einen Zusammenbruch. Vor einiger Zeit traf ich ihn in der Cafeteria einer Burnout-Klinik, als er dort in Behandlung und ich bei einer Fortbildungsveranstaltung war. Wir kamen ins Gespräch und blieben es bis heute.

Wie erinnern Sie sich heute an die Situation, die damals Ihr Leben durcheinanderbrachte?

Ich saß am Mikrofon im Sendestudio, es war ein Montag, mir ging es schlecht und ich verbreitete für die Hörer draußen gute Laune. Und das seit 5 Uhr. Ich bekam Magenschmerzen, das war so gegen 8 Uhr. Mir wurde schwindelig, und während eines Musiktitels rutschte ich aus meinem Sessel zu Boden. Ich rappelte mich zwar wieder hoch, konnte aber nur noch weiter die Titel einspielen, sprechen war mir unmöglich. Unsere Nachrichtensprecherin hat dann eine Notmoderation gemacht, bis Ersatz für mich eintraf. Aber das weiß ich aus Erzählungen, die Erinnerungen an das ganze Drumherum sind wie in weißen Nebel gehüllt.

Gibt es überhaupt Gedanken und Gefühle, an die Sie sich erinnern können?

Mhhmm. Ja, aber widersprüchlich irgendwie. Zuerst kam bei mir so etwas wie: »War ja klar.«

Das heißt, ein Teil von Ihnen war in diesem Moment gar nicht überrascht über das, was Ihnen da geschah?

Genau. So könnte man es sagen. Ich hatte mich im Sender schon öfter schlecht gefühlt. Doch immer nur kurz und nie so extrem. Diesmal sollte es ernster sein. Als Nächstes kam dann aber sofort so ein sportliches Gefühl mit dem entsprechenden Gedanken: »Na, dann werde ich mich mal eine Woche gut um mich kümmern, und dann wird alles wieder sein wie vorher, und ich bin wieder fit.« Das passte allerdings nicht so ganz dazu, dass mich Sanitäter gerade aus dem Sender tragen mussten, denn ich konnte nicht mehr selber gehen.

Und dann?

Komisch, was auch da war und mir bis heute im Kopf blieb, mich vielleicht auch gerettet hat, war der Gedanke, als ich auf der Trage lag: »Hier beim Radio wirst du nie wieder der Gleiche sein!« Und im Schrecken und in der Scham dieser Vorstellung lag so eingebettet eine tiefe und wunderbare Ruhe: Wie gut, dass es so gekommen ist. Und dass sich etwas ändern wird.

Im Notfallkrankenhaus haben sie mich erst mal auf den Kopf gestellt. Außer einem extremen Erschöpfungszustand gab es nichts Greifbares. Das hat mich anfangs fast enttäuscht.

Wie das?

Na, ich dachte, vielleicht doch nur irgend so ein Virus. Ein Mittelchen drauf, und alles wird wieder gut. Tief in mir wusste ich jedoch da schon, dass das Unsinn ist.

Was hat Ihnen in dieser Phase geholfen?

Im Krankenhaus wurde ich auf einer internistischen Station aufgenommen. Ich habe erst mal nur geschlafen. Tagelang, so kam es mir vor. Und das, obwohl ich vorher schon jahrelang Schlafstörungen hatte. Wilde Träume begleiteten mich, und nach der halben Nacht war mein Bett komplett durchgeschwitzt. Gut war, dass meine Partnerin oft bei mir war. Immer wieder. Sie saß an meinem Bett, manchmal haben wir geredet, manchmal saß sie einfach nur da und wir haben geschwiegen. Aber es war ein angenehmes Schweigen. Ihre Nähe tat mir gut, und ich bemerkte nach langer Zeit wieder, wie nah sie mir ist. Und dass ich außer ihr und dem Sender niemanden und nichts mehr hatte.

Hatten Sie hier schon Pläne für eine Weiterbehandlung?

Nee, dazu hatte ich gar nicht den Kopf. Mir war alles zu viel. Meine Freundin hat mit den behandelnden Ärzten die Überweisung in die Burnout-Klinik veranlasst. Ich hatte Glück, dass da außerplanmäßig nach drei Wochen ein Bett frei wurde und ich nachrücken konnte. Eigentlich hätte ich zwei Monate warten müssen. Die Sachbearbeiterin meiner Krankenkasse war auch supernett. Die haben mich gut unterstützt. Irgendwann hab ich dann ein Papier unterschrieben, meine Freundin hat alles, was ich brauchte, gepackt und ist dann mit mir in die Klinik gefahren. Ich kam mir vor wie ein kleines Kind, das in ein Erholungsheim muss (lacht).

Wie ging es dann in der Klinik weiter?

Als wir endlich da waren, ging zunächst alles gut. Erst als meine Freundin wieder weggefahren war, brach ich zusammen. Ich lag allein in meinem Zimmer und starrte die Wand an. Ich kam mir vor wie ein tonnenschwerer Steinklotz. Als ich dann noch die Mitpatienten sah, wollte ich nur noch weg. So verrückt wie die bin ich doch nicht – noch nicht, ich bin hier falsch. Ich habe gebettelt, man solle mich mit irgendeinem Medikament abschießen. Heute bin ich froh, dass man das nicht tat. Ich bekam zwar Tabletten, aber was die für mich taten, weiß ich nicht. In der ersten Nacht begann ich meine Sachen zu packen und plante meine Abreise.

Warum sind Sie dann doch geblieben?

Tja, es war ein harter Kampf. Das Klinikpersonal blieb erstaunlich cool. Die kannten das natürlich. Und das machte mich wütend. Meine Therapeutin in der Klinik meinte später, ich hätte mir im Unterbewusstsein gewünscht, dass man um mich kämpft. Damit ich mich wieder aufgewertet fühle. Das glaube ich eigentlich nicht. Ich denke, ich hatte einfach nur Schiss. Ich wollte unbedingt mit jemandem außerhalb der Klinik reden, mir fiel aber niemand ein. Meine

Freundin wollte ich nicht nerven, nachdem sie so viel für mich getan hatte. Ich fürchtete, sie würde mir den Kopf abreißen, wenn ich ihr meine Fluchtpläne mitteilen würde. Sie hätte es wohl auch getan (lacht). Aber meine Wut tat mir gut. Ich kam in einen konstruktiven Modus von Trotz. Da fiel mir die Sachbearbeiterin bei der Krankenkasse ein. Mit der habe ich dann ein paar Mal telefoniert, das hat sehr gutgetan. Sie meinte immer zu mir, ich solle von Tag zu Tag schauen und mir mindestens eine Woche die Chance geben, die Behandlung in der Klinik kennenzulernen. Dann könnte ich, wenn ich wollte, immer noch gehen. Ich blieb.

Von welchen Elementen der Behandlung haben Sie am meisten profitiert?

Anfangs waren es meist die Einzelgespräche. Mit Ärzten, mit meiner Therapeutin. Dann auch mit anderen Patienten. Ein paar kamen mir nämlich bald gar nicht mehr so zombiemäßig vor. Was ich da noch nicht wusste: Für die anderen war ich auch ein Zombie (lacht). Die Gruppengespräche fand ich zunächst schwierig. Da habe ich erst am Schluss richtig Fuß gefasst. Schade eigentlich. Aber man sagte mir, das gehe vielen Patienten so. Besonders den Männern. Irgendwann kam ein ungeheurer Bewegungsdrang über mich, das war gut. Ich habe alles mitgemacht: Frühsport, Tai-Chi, Laufgruppe und so weiter. Das machte mich im Kopf zunehmend ruhiger.
Ergotherapie fand ich anfangs auch komisch. »Therapeutisches Basteln« haben wir das am Anfang genannt. Irgendwann, als wir mit Wasserfarben gemalt haben, fielen mir meine ersten Kindheitsbilder wieder ein, die ich mit Eifer bei meiner Mama in der Küche gemalt habe. Wie leer und

freudlos mein Leben als Radio-Fuzzi mir auf einmal er-
schien ...

Wie meinen Sie das?

Na ja, vor meinem Zusammenbruch bestand mein Leben
aus Dauerquasseln und Witzigsein, Kaffeetrinken, Inter-
netsurfen, Kollegentratsch, Partys, leicht betrunken mit
Promis quatschen, Taxi nach Hause – na, das war es fast
schon. Es kommt mir heute vor, als wäre ich damals die
kleine Figur in einem kitschigen Schüttelglas gewesen, in
dem ich mit den bunten Glitzerschnipseln, die immer wie-
der auf mich niedersanken, vor mich hinlebte. Ich hatte 20
Kilo Übergewicht, stopfte viel Süßkram in mich rein und
kam nach einer Treppe zu Fuß schon außer Atem.

Und wie ist es heute?

Ich habe fast Normalgewicht und esse gesund. Meistens
(lacht). Trinke viel weniger Alkohol, fahre Fahrrad und
schwimme viel. In meinem Flur zu Hause hängt ein Box-
sack.

Was ist aus dem Malen geworden?

Na ja, ich bin jetzt einfach nicht der Typ, der einen Aqua-
rellmalkurs macht. Ich habe auch heute manchmal zu we-
nig Zeit für schöne Dinge (lacht). Ja, ich weiß, ich nehme
mir die Zeit nicht. Das hätte meine Therapeutin jetzt ge-
sagt. Aber ich zeichne manchmal kleine Comics, das macht
Spaß, meinen Kollegen dann meist auch (lacht).

Wussten Sie vor der Klinik eigentlich etwas über Burnout, Depression und Stress?

Nee, eigentlich nicht. Das war ja so wie die letzte Seite der Zeitung: Das passiert anderen, ist weit weg, hatte ja nichts mit mir zu tun. In der Klinik legte man viel Wert auf Information für uns Patienten. Die haben Vorträge zu all diesen Themen angeboten. Aber auch zu gesellschaftlichen und philosophischen Fragen. Das war gut. Ich hatte Jahre kein gutes Buch mehr gelesen.

Wurde Ihnen in der Klinik schon deutlich, warum Sie in das Burnout-Syndrom geraten sind?

Kaum bis gar nicht. Ich hatte so viel mit dem Wiederaufstehen zu tun. Das Verstehen kam erst Monate später bei meiner ambulanten Psychotherapie, als ich längst wieder zu Hause war.
Aber auch das sei eher normal, wie man mir sagte. Dennoch war die Klinik immens wichtig. Ohne diese Auszeit mit allen Höhen und Tiefen wäre ich nicht an meine Momente der Wahrheit gekommen.

Können Sie dafür ein Beispiel nennen?

Statt Vergangenheitsforschung zu betreiben, hat man mir vor allem den Blick nach vorn neu ausgerichtet. Dazu gehörte auch die Vorbereitung auf die Rückkehr an den Arbeitsplatz mit der Maßgabe, nie mehr in diese Morgensendung zurückzugehen. Das war schwer. Tat auch weh, mich von diesem Image als kleiner Radiostar verabschieden zu müssen. Ich sollte mein kleines Glitzerschüttelglas verlas-

sen! Es hat auch länger als ein Jahr gedauert, bis ich es innerlich ganz losgelassen habe.

Wie geht es Ihnen heute, etwas über zwei Jahre nach der Klinik?

Recht gut. Ich bin mit meiner Freundin zusammengezogen. Ihr verdanke ich viel. Auch einige Leute vom Sender haben positiv und unterstützend reagiert. Es war gut, mich mit dem Betriebsrat dort kurzzuschließen, das hat mir wieder Selbstbewusstsein gegeben, das ich für die Gespräche, die wegen meines Wiedereinstiegs in die Arbeit notwendig wurden, gar nicht hatte. Der Senderleiter wollte mich vielleicht doch ausbooten. Nun ja, mit einem unserer Betriebsräte bin ich seitdem befreundet. Zwei, drei alte Freundschaften konnte ich wiederbeleben. Die hatte ich über Jahre völlig schleifen lassen. Auch mit meinen Eltern und meinem Bruder habe ich wieder mehr Kontakt.
Meine ambulante Psychotherapie endete vor einem halben Jahr. Auch die war ganz wichtig für mich. Etwa um zu verstehen, dass ich mit diesem Traum vom Radiomoderator und Dampfplauderer eine Lücke in meinem Ego schließen wollte. Was nicht funktioniert hat bei mir. Was nie funktioniert, sagt meine Therapeutin. Weshalb mir auch mein Traum vom Radiostar zum Albtraum werden musste.

Was arbeiten Sie jetzt?

Ich bin noch ein Jahr beim Sender geblieben, habe zu normalen Arbeitszeiten kleine Reportagen und Features gemacht. Hintergrundarbeit. So hatte ich Zeit, mir etwas Neues zu überlegen. Ich bin dann zurück zur Zeitung, ich hatte ja mal in einer großen Redaktion gelernt. Ganz glücklich bin ich damit noch nicht. Aber ich habe gelernt, geduldiger zu werden. Oder ich lerne es gerade (lacht). Es ist dann immer noch der gleiche Satz, den die Krankenkassenmitarbeiterin mir am Telefon sagte, als ich in der Klinik war: Immer von Tag zu Tag denken. So versuche ich jetzt, Schritt für Schritt zu gehen.

Was hilft Ihnen heute, nicht wieder in alte Muster zu verfallen?

Eigentlich ist das einfach. All die wunderbaren Dinge, die ich in der Klinik wieder erleben und neu erlernen durfte, einfach in mein Leben integrieren. Aber was sich so leicht anhört, ist schwer. Ich ging damals aus der Klinik und war felsenfest überzeugt: Das Gute hier vergesse ich nie mehr, die bösen alten Muster passieren mir nie wieder. Einige Wochen nach der Entlassung hatte einen der Alltag schon wieder eingeholt, ja überrollt. Aber die Leute aus der Klinik wissen das. Wir mussten da schon immer Tages- und Wochenpläne machen. Ich kam mir vor wie ein Schulbub. Aber es hilft mir bis heute. Mein Perfektionismus ist ein listiges Monster, und manches Mal hat mich das sture Festhalten an meinem Tages- und Wochenplan gerettet: Jetzt ist Pause. Jetzt mache ich Sport. Jetzt heißt es Entspannen. Heute mal gar nichts planen – keine Termine. Und so weiter.

Gibt es noch etwas Wichtiges zu Ihrem Weg aus dem Burnout zu sagen?

Mhm. Es klingt vielleicht komisch, so altbacken – und ich hätte nie gedacht, dass ich mal so etwas sagen würde: Ich habe Demut gelernt. Ich bin gar nicht so wichtig für die Welt, wie ich früher dachte. Aber – das heißt auch: Ich muss mich nicht mehr so furchtbar anstrengen. Welche Entlastung! Und habe mehr Zeit für wirklich Wichtiges. Ich bin ja trotzdem oder gerade deswegen ein wunderbarer Mensch (lacht) – und werde nächstes Jahr Papa.

Zum guten Schluss

Um ein tadelloses Mitglied einer Schafherde sein zu können, muss man vor allem ein Schaf sein.

Albert Einstein

Zur Zeit, als Albert Einstein diesen Satz formulierte, gab es den Begriff Burnout noch gar nicht. Dennoch beschreibt das Zitat treffend, wie Menschen und soziale Gemeinschaften gesehen werden können, wenn sie sich im Namen einer untadeligen Ordnung gleichmachendem Druck unterwerfen.

Dabei will eigentlich kein Mensch ein Schaf sein. Und keine soziale Gemeinschaft sollte als Schafherde gelten.

Hier wird eine tiefe menschliche Frage berührt, der wir uns alle immer wieder stellen müssen: Wer bin ich eigentlich in dieser Welt? Genauer: Wie kriege ich meinen Wunsch nach einem individuellen Ausdruck meiner Persönlichkeit mit dem gleichzeitigen Wunsch nach Zugehörigkeit, Anerkennung und Sinnhaftigkeit unter einen Hut?

In einer Burnout-Krise zwingt auch die Angst vor Ablehnung durch andere Menschen zu übersteigerter Anpassung. Als Kompensation führt dies dann in extreme und ungesunde Formen der Individualisierung: Depression, sozialer Rückzug und Sinnkrisen bis hin zu Selbsttötung.

Auch in diesem Konflikt reagieren wir meist nicht auf die Welt, sondern auf unsere Interpretation von Welt.

Unlängst entdeckten Tierschützer vor den russischen Kommandeurinseln in einer Herde von Schwertwalen einen riesigen schneeweißen Schwertwalbullen. Diese Albinoform gilt als biologische Seltenheit, da – laut Evolutionstheorie – ein solches Tier durch seine Auffälligkeit von Geburt an größeren Gefahren ausgesetzt sei. Hier schwamm er aber, stärker als die meisten anderen Schwertwale, putzmunter, mitten in seiner Herde.

Der Hinweis auf einen vermeintlichen Selektionsdruck, der dem farblichen Abweichler angeblich schon als Jungtier droht, entspringt unserer Angst vor Ablehnung durch die Herde und führt so zu der Angst vor unserem eigenen individuellen Potenzial. Es wird Zeit, Geschichten dieser Art neu zu verstehen, denn für den Fortbestand eines sozialen Verbandes ist es gerade wichtig, die besonderen Fähigkeiten eines jeden Individuums einzubeziehen. Zeigen uns die intelligenten und sozial organisierten Schwertwale nicht, dass dies möglich ist?

Viele Personalchefs würden, wie ich aus vielen Gesprächen weiß, dem sofort zustimmen. Mitunter können sie heute anspruchsvolle Arbeitsstellen nicht mehr besetzen, da in der Vielzahl angepasster Bewerber oft die originellen Denker und kreativen Individualisten fehlen. Es sind nämlich die hellen Köpfe, sozusagen die Albinos im Geiste, die wichtige Impulse zur Lösung komplexer Fragen geben.

Gesundung bedeutet bei Burnout, dass persönliche Identität und soziale Zugehörigkeit wieder miteinander versöhnt werden. Sie gelingt, wenn der Mut zur eigenen Identität zu einem entscheidenden Lebensmotiv wird.

Mehr noch: Eine Gesellschaft aus Individuen ist geradezu die Voraussetzung für sozialen Frieden. Dieser ist mit Empathie und Liebe, aber auch auf dem Weg einer konstruktiven Auseinandersetzung erreichbar. Und hierzu sind nur jene Menschen in der Lage, die sich ihrer eigenen Identität und ihres Selbstwerts sicher und bewusst sind.

Jetzt, wo ich diese Schlussworte schreibe, sehe ich ein Plakat vor meinem inneren Auge, das ich vor kurzem in einem Reisebüro hängen sah. Da sitzt eine Frau auf einem Steg und lässt die Füße entspannt ins Wasser baumeln.

Der Text dazu lautet sinngemäß:

»Ich habe gerade einen ganz wichtigen Menschen wiedergetroffen. Mich!«

Diese heilsame Erfahrung wünsche ich jedem erschöpften oder ausgebrannten Menschen auf seinem Weg in die Gesundung.

Danksagung

Mein herzlicher Dank geht an meine Agentin Dr. Hanna Leitgeb von der Literaturagentur Rauchzeichen; sie hat mich und das Buch auf den Weg gebracht.

Dem Beltz Verlag danke ich für die Umsetzung und Realisierung. Für das hilfreiche und inspirierende Lektorat ein besonderer Dank an Frau Petra Dorn und Herrn Tarek Münch.

Danke an alle die Menschen und Kollegen, die meinen beruflichen Weg fördernd begleiten und begleitet haben. Der fachliche Austausch und Diskurs hat mich stets bereichert und bestärkt.

Ich danke allen Menschen, die sich seit Jahren in Beratung und Therapie an mich gewendet haben. Durch ihre Offenheit und ihr Vertrauen habe ich viele Einblicke in das Leben, die menschliche Seele und auch in mich selbst erhalten. Ohne diese intensiven Begegnungen hätte ich dieses Buch nicht schreiben können.

Gerne kann man sich für Rückmeldungen, Anregungen und Anfragen an mich wenden.

Theo Jannet   www.theo-jannet.de

Anhang

Adressen und Links

Burnout
Burnout Informationen des Instituts für Qualität und Wirtschaftlichkeit im Gesundheitswesen
https://www.iqwig.de

Patienteninformationsdienst der ärztlichen Selbstverwaltung
http://www.patienten-information.de

Burnout-Seminare bundesweit
IBP – Telefon: 040 36098788
kontakt@ibp-hamburg.de
Homepage: http://www.ibp-hamburg.de/

Depression
www.buendnis-depression.de
Aktionsbündnis Seelische Gesundheit

Psychotherapie
http://psychinfo.de/
http://www.bptk.de/service/therapeutensuche.html

Beratung
Telefonseelsorge
0800 1110111
0800 1110222

VdK Hauptsitz Bonn:
Sozialverband VdK Deutschland e.V.
Wurzerstraße 4 a
53175 Bonn
Telefon: 0228 82093-0
Telefax: 0228 82093-43
kontakt@vdk.de
Landesverbände:
http://www.vdk.de/deutschland/pages/der_vdk/4549/landes-
verbaende

SoVD
Sozialverband Deutschland e.V.
Stralauer Str. 63
10179 Berlin
Telefon: 030 726222-0
Telefax: 030 726222-311
Mail: contact(at)sozialverband.de
Landesverbände:
http://www.sovd.de/verbandsebenen_landesverbaende.o.html

Kliniken
http://www.rehakliniken.de
http://www.hilfe-bei-burnout.de/burnout-kliniken

Sozial- und Arbeitsrecht
http://www.gesetze-im-internet.de/sgb_9/

Weiterführende Literatur

Bücher sind für mich Wesenheiten. Manchmal suchen und finden wir sie, manchmal finden sie uns. Ganz subjektiv findet man sie sympathisch oder unsympathisch.

Die folgenden Bücher sind eine ganz persönliche kleine Auswahl aus vielen anderen Möglichkeiten. Aus ihnen habe ich im Laufe der Jahre viel über Burnout gelernt und sie teilweise von Betroffenen empfohlen bekommen.

Rüdiger Dahlke
Depression. Wege aus der dunklen Nacht der Seele
Goldmann Verlag 2010

Sehr umfassend und auch über den schulmedizinischen Tellerrand hinaus informiert der erfahrene Arzt und Autor Rüdiger Dahlke zum Krankheitsbild Depression, dessen Entstehung und Behandlung. Da Depression und Burnout Verwandte sind, ist dies Buch auch zum Burnout sehr nützlich.

Aus dem Buch:
»Wenn ein Mensch keinen Lebenssinn hat, wird sein Leben sinnlos, und so wird er von dem Krankheitsbild gleichsam angehalten und gehindert, weiter in einer Richtung zu leben, die für seine Entwicklung nichts bringen kann.«

Peter Schilling
Völlig losgelöst: Mein langer Weg zum Selbstwert – vom Burn-
out zurück ins Leben
Beltz Verlag 2012

Die sehr persönliche Lebens- und Leidensgeschichte des Musi-
kers ist besonders für selbst Betroffene anregend und gut zu
lesen.

Aus dem Buch:
»*Was Urvertrauen und Vertrauen im Allgemeinen so gewichtig
sein lässt, zeigt die Tatsache, dass es ungemein lange braucht, um
es aufzubauen, es aber in wenigen Sekunden zerstört werden
kann. In sich ist Urvertrauen eines der höchsten Güter, die der
Mensch haben kann.*«

Miriam Meckel
Brief an mein Leben – Erfahrungen mit einem Burnout
Rowohlt Taschenbuch 2011

Die bekannte Journalistin gibt mit auch stellenweise bissigem
Humor Einblick in den Behandlungsalltag in einer Burnout-
Klinik. Eine sehr gute und gelungene Mischung aus eigener
Geschichte und gutem Erzählstil.

Aus dem Buch:
»*Ich brauche im Moment nicht Reize, sondern Ruhe. Ich brauche
nicht das Neue, sondern das Bekannte und Bewährte. Ich will
nicht den immer wiederkehrenden Unterschied, sondern die Kon-
stanz, um die Ruhe zu finden, die als Ausgangspunkt für alles
notwendig ist.*«

Helen Heinemann
Warum Burnout nicht vom Job kommt: Die wahren Ursachen der Volkskrankheit Nr. 1
Adeo Verlag 2012

Die Autorin, die auch bundesweit sehr gute Seminare zu Burnout gibt und organisiert (Adressen und Links siehe: IBP – Burnout-Seminare), macht plausibel, dass sich bei Burnout immer zwei Welten treffen: Eine belastende, auslösende Situation oder Konstellation und eine bereits auf eine selbstschädigende Reaktion geprägte Persönlichkeit.

Aus dem Buch:
»Burnout-Patienten verbrennen innerlich, weil sie nicht mehr wissen, wofür sie brennen sollen. Sie deckeln ihr Feuer, sie rauben ihm die Nahrung. Sie entfalten sich nicht, weil sie durch zu frühe Anpassung ihre eigenen Ecken und Kanten verloren haben und nun gar nicht mehr wissen, was sie eigentlich in die Welt hinaustragen wollen. ... Burnout kommt ... von der verzweifelten Suche nach Sinn und Anerkennung.«

Fritz Riemann
Grundformen der Angst
Reinhardt Verlag 2011 (40. Aufl.)

Bis heute ein Klassiker in der Therapeutenausbildung. Durch seine einfache Sprache und die vielen Fallbeispiele erfährt der Leser viel über das problematischste Gefühl des Menschen: die Angst.

Aus dem Buch:
»Das Annehmen und Meistern der Angst bedeutet einen Entwicklungsschritt, lässt uns ein Stück reifen. Das Ausweichen vor ihr und vor der Auseinandersetzung mit ihr lässt uns dagegen stagnieren.«

Michael Mary
Das Leben lässt fragen, wo du bleibst
Bastei Lübbe 2007

Dieses wunderbar leicht und doch tiefsinnig geschriebene Buch dreht unsere gewohnt negative Einstellung zu Fehlern um: Probleme sind nicht lästige Hindernisse, sondern der Treibstoff für Veränderung.

Aus dem Buch:
»Scheitern macht glücklich – denn es ist die Voraussetzung für Veränderung. Ohne Krisen und Probleme kommen wir nicht weiter.«

Uwe Böschemeyer
Das heitere Enneagramm. Eine verständliche und humorvolle Typenlehre
Ellert & Richter 2002

Der Autor vertieft die Sicht in die hier im Buch kurz vorgestellten Enneagramme.

Tim Parks
Die Kunst stillzusitzen. Ein Skeptiker auf der Suche nach Gesundheit und Heilung
Goldmann Verlag 2012

Tim Parks schreibt mit köstlicher Selbstironie eines der unterhaltsamsten und tiefsinnigsten Bücher über psychosomatische Beschwerden wie Schmerzen, Verspannungen und Organfehlfunktionen, das ich kenne. Er streift durch die Felder der Schulmedizin, lässt sich mit der gebotenen Skepsis auch auf alternative Methoden ein und wird auf seinem ganz persönlichen Weg gesund.

Aus dem Buch:
»SMS, Mails, Chats, Blogs – heutzutage frisst der Geist den Körper auf. Zu diesem Schluss hat mich meine lange Krankheit gebracht. Wir sind zu Hirnvampiren geworden, die sich selber den Lebenssaft aussaugen. Sogar im Fitnessstudio oder beim Joggen spielt sich unser Leben nur noch im Kopf ab, auf Kosten des Körpers.«

....

Charles Duhigg
Die Macht der Gewohnheit. Warum wir tun, was wir tun
Berlin Verlag 2012

Der amerikanische Wissenschaftsredakteur beschreibt unterhaltsam und umfassend das Phänomen der Gewohnheiten mit Blick auf Chancen für Veränderung. Gerade der Bezug zum Alltäglichen (es geht im Buch unter anderem um die Macht der Werbung, Naschsucht und Football) gibt auf angenehm unpsychologische Weise auch konkrete Hinweise für effektive Veränderungsstrategien.

Aus dem Buch:
»Gewohnheiten, so sagen Wissenschaftler, entstehen, weil das Gehirn ständig nach Wegen sucht, um sich weniger anzustrengen. Sich selbst überlassen, versucht das Gehirn praktisch jede Routine

in eine Gewohnheit zu verwandeln, weil Gewohnheiten unserem
Geist erlauben, häufiger herunterzufahren.«

Tom Diesbrock
Ihr Pferd ist tot? Steigen Sie ab! Wie Sie sich die innere Freiheit
nehmen, beruflich umzusatteln
Campus Verlag 2011

Der Coach und Psychotherapeut gibt in seinem Buch konkrete
Hilfestellung für einen beruflichen Neuanfang. Er berücksichtigt dabei sowohl persönliche Hemmnisse, also die Innenwelt,
als auch Notwendigkeiten im Umgang mit Berufskrisen, also
der Außenwelt.

Aus dem Buch:
»Um etwas ›nicht mehr Lebendiges‹ in unserem Leben hinter uns
zu lassen, brauchen wir Mut, eine Vorstellung unserer Wünsche
und Ziele und ein gewisses Maß an Vertrauen in uns und die
Welt. Ist es da nicht verständlich, dass wir so lange wie möglich am
Vertrauten festhalten – auch wenn wir ahnen, dass seine Zeit
längst abgelaufen ist?«

Lothar J. Seiwert
30 Minuten Work-Life-Balance
Gabal Verlag 2012 (19., überarb. Aufl.)

Der bekannte Autor und Berater gibt in diesem unterhaltsam
geschrieben und illustrierten Buch konkrete Hinweise für
Selbstmanagement, gedacht auch für eine Zeit nach der Erkrankung, um die Gesundung nachhaltig zu sichern.

Aus dem Buch:
Der Beginn eines sinnvollen Lebens liegt in Ihrer bewussten Ent-
scheidung. Es ist entscheidend, wie Sie persönlich Ihre Zeit nut-
zen. Dabei geht es weniger um klassisches Zeitmanagement als
vielmehr um Selbstmanagement.

Abschließend drei Klassiker, die von Heldenreisen erzählen
und in schweren Lebenslagen Trost und Mut spenden:

....

Antoine de Saint-Exupéry
Der kleine Prinz
Rauch Verlag 2012 (63. Aufl.)

Der Erzähler trifft, in der Wüste als Pilot notgelandet, den kleinen Prinzen. Dieser erzählt über das Reisen und seine Sehnsucht und zeichnet dabei ein nachdenkliches Bild über uns
Menschen.

Aus dem Buch:
»Die Menschen haben keine Zeit mehr, irgendetwas kennenzuler-
nen. Sie kaufen sich alles fertig in den Geschäften. Aber da es kei-
ne Kaufläden für Freunde gibt, haben die Leute keine Freunde
mehr.«

....

Paulo Coelho
Der Alchemist
Diogenes Verlag 2008 (9. Aufl.)

Die märchenhaft geschriebene Lebensreise des Hirten Santia-
go wird zum Sinnbild für Suchen und Finden, Träumen und
Glauben, Krise und Chance.

Aus dem Buch:
»*Plötzlich erkannte er, dass er die Welt entweder mit den Augen eines armen, beraubten Opfers sehen konnte, oder aber als Abenteurer auf der Suche nach einem Schatz.*«

....

Stan Nadolny
Die Entdeckung der Langsamkeit
Piper Verlag 2012 (47. Aufl.)

Der historische Roman um das Leben des Polarforschers John Franklin ist nicht nur wegen des Titels ein Plädoyer für Achtsamkeit und eine Entschleunigung des Lebens.

Aus dem Buch:
»*Dreimal hinsehen, einmal handeln. Junge Leute begreifen das nicht immer. Langsam und fehlerlos ist besser als schnell und zum letzten Mal.*«

Rechtliche Grundlagen

Gesetzliche Regelung der Medizinischen Rehabilitation
SGB IX, § 26 Leistungen zur medizinischen Rehabilitation

(1) Zur medizinischen Rehabilitation behinderter und von Behinderung bedrohter Menschen werden die erforderlichen Leistungen erbracht, um
1.
Behinderungen einschließlich chronischer Krankheiten abzuwenden, zu beseitigen, zu mindern, auszugleichen, eine Verschlimmerung zu verhüten oder
2.
Einschränkungen der Erwerbsfähigkeit und Pflegebedürftigkeit zu vermeiden, zu überwinden, zu mindern, eine Verschlimmerung zu verhüten sowie den vorzeitigen Bezug von laufenden Sozialleistungen zu vermeiden oder laufende Sozialleistungen zu mindern.

(2) Leistungen zur medizinischen Rehabilitation umfassen insbesondere
1.
Behandlung durch Ärzte, Zahnärzte und Angehörige anderer Heilberufe, soweit deren Leistungen unter ärztlicher Aufsicht oder auf ärztliche Anordnung ausgeführt werden, einschließlich der Anleitung, eigene Heilungskräfte zu entwickeln,
2.
Früherkennung und Frühförderung behinderter und von Behinderung bedrohter Kinder,

3.

Arznei- und Verbandmittel,

4.

Heilmittel einschließlich physikalischer, Sprach- und Beschäftigungstherapie,

5.

Psychotherapie als ärztliche und psychotherapeutische Behandlung,

6.

Hilfsmittel,

7.

Belastungserprobung und Arbeitstherapie.

(3) Bestandteil der Leistungen nach Absatz 1 sind auch medizinische, psychologische und pädagogische Hilfen, soweit diese Leistungen im Einzelfall erforderlich sind, um die in Absatz 1 genannten Ziele zu erreichen oder zu sichern und Krankheitsfolgen zu vermeiden, zu überwinden, zu mindern oder ihre Verschlimmerung zu verhüten, insbesondere

1.

Hilfen zur Unterstützung bei der Krankheits- und Behinderungsverarbeitung,

2.

Aktivierung von Selbsthilfepotentialen,

3.

mit Zustimmung der Leistungsberechtigten Information und Beratung von Partnern und Angehörigen sowie von Vorgesetzten und Kollegen,

4.

Vermittlung von Kontakten zu örtlichen Selbsthilfe- und Beratungsmöglichkeiten,

5.

Hilfen zur seelischen Stabilisierung und zur Förderung der

sozialen Kompetenz, unter anderem durch Training sozialer und kommunikativer Fähigkeiten und im Umgang mit Krisensituationen,

6.

Training lebenspraktischer Fähigkeiten,

7.

Anleitung und Motivation zur Inanspruchnahme von Leistungen der medizinischen Rehabilitation.

Gesetzliche Regelung zur beruflichen Rehabilitation (Leistungen zur Teilhabe am Arbeitsplatz)

SGB IX, § 33 Leistungen zur Teilhabe am Arbeitsleben

(1) Zur Teilhabe am Arbeitsleben werden die erforderlichen Leistungen erbracht, um die Erwerbsfähigkeit behinderter oder von Behinderung bedrohter Menschen entsprechend ihrer Leistungsfähigkeit zu erhalten, zu verbessern, herzustellen oder wiederherzustellen und ihre Teilhabe am Arbeitsleben möglichst auf Dauer zu sichern.

(2) Behinderten Frauen werden gleiche Chancen im Erwerbsleben gesichert, insbesondere durch in der beruflichen Zielsetzung geeignete, wohnortnahe und auch in Teilzeit nutzbare Angebote.

(3) Die Leistungen umfassen insbesondere

1.

Hilfen zur Erhaltung oder Erlangung eines Arbeitsplatzes einschließlich Leistungen zur Aktivierung und beruflichen Eingliederung,

2.

Berufsvorbereitung einschließlich einer wegen der Behinderung erforderlichen Grundausbildung,

2a.

individuelle betriebliche Qualifizierung im Rahmen Unterstützter Beschäftigung,

3.

berufliche Anpassung und Weiterbildung, auch soweit die Leistungen einen zur Teilnahme erforderlichen schulischen Abschluss einschließen,

4.

berufliche Ausbildung, auch soweit die Leistungen in einem zeitlich nicht überwiegenden Abschnitt schulisch durchgeführt werden,

5.

Gründungszuschuss entsprechend § 93 des Dritten Buches durch die Rehabilitationsträger nach § 6 Abs. 1 Nr. 2 bis 5,

6.

sonstige Hilfen zur Förderung der Teilhabe am Arbeitsleben, um behinderten Menschen eine angemessene und geeignete Beschäftigung oder eine selbständige Tätigkeit zu ermöglichen und zu erhalten.

(4) Bei der Auswahl der Leistungen werden Eignung, Neigung, bisherige Tätigkeit sowie Lage und Entwicklung auf dem Arbeitsmarkt angemessen berücksichtigt. Soweit erforderlich, wird dabei die berufliche Eignung abgeklärt oder eine Arbeitserprobung durchgeführt; in diesem Fall werden die Kosten nach Absatz 7, Reisekosten nach § 53 sowie Haushaltshilfe und Kinderbetreuungskosten nach § 54 übernommen.

(5) Die Leistungen werden auch für Zeiten notwendiger Praktika erbracht.

(6) Die Leistungen umfassen auch medizinische, psychologische und pädagogische Hilfen, soweit diese Leistungen im

Einzelfall erforderlich sind, um die in Absatz 1 genannten
Ziele zu erreichen oder zu sichern und Krankheitsfolgen zu
vermeiden, zu überwinden, zu mindern oder ihre Verschlimmerung zu verhüten, insbesondere
1.
Hilfen zur Unterstützung bei der Krankheits- und Behinderungsverarbeitung,
2.
Aktivierung von Selbsthilfepotentialen,
3.
mit Zustimmung der Leistungsberechtigten Information
und Beratung von Partnern und Angehörigen sowie von
Vorgesetzten und Kollegen,
4.
Vermittlung von Kontakten zu örtlichen Selbsthilfe- und Beratungsmöglichkeiten,
5.
Hilfen zur seelischen Stabilisierung und zur Förderung der
sozialen Kompetenz, unter anderem durch Training sozialer
und kommunikativer Fähigkeiten und im Umgang mit Krisensituationen,
6.
Training lebenspraktischer Fähigkeiten,
7.
Anleitung und Motivation zur Inanspruchnahme von Leistungen zur Teilhabe am Arbeitsleben,
8.
Beteiligung von Integrationsfachdiensten im Rahmen ihrer
Aufgabenstellung (§ 110).

(7) Zu den Leistungen gehört auch die Übernahme
1.
der erforderlichen Kosten für Unterkunft und Verpflegung,

wenn für die Ausführung einer Leistung eine Unterbringung
außerhalb des eigenen oder des elterlichen Haushalts wegen
Art oder Schwere der Behinderung oder zur Sicherung des
Erfolges der Teilhabe notwendig ist,

2.

der erforderlichen Kosten, die mit der Ausführung einer Leistung in unmittelbarem Zusammenhang stehen, insbesondere für Lehrgangskosten, Prüfungsgebühren, Lernmittel, Leistungen zur Aktivierung und beruflichen Eingliederung.

(8) Leistungen nach Absatz 3 Nr. 1 und 6 umfassen auch

1.

Kraftfahrzeughilfe nach der Kraftfahrzeughilfe-Verordnung,

2.

den Ausgleich unvermeidbaren Verdienstausfalls des behinderten Menschen oder einer erforderlichen Begleitperson
wegen Fahrten der An- und Abreise zu einer Bildungsmaß-
nahme und zur Vorstellung bei einem Arbeitgeber, einem
Träger oder einer Einrichtung für behinderte Menschen durch
die Rehabilitationsträger nach § 6 Abs. 1 Nr. 2 bis 5,

3.

die Kosten einer notwendigen Arbeitsassistenz für schwer-
behinderte Menschen als Hilfe zur Erlangung eines Arbeitsplatzes,

4.

Kosten für Hilfsmittel, die wegen Art oder Schwere der Behinderung zur Berufsausübung, zur Teilnahme an einer Leistung zur Teilhabe am Arbeitsleben oder zur Erhöhung der
Sicherheit auf dem Weg vom und zum Arbeitsplatz und am
Arbeitsplatz erforderlich sind, es sei denn, dass eine Verpflichtung des Arbeitgebers besteht oder solche Leistungen
als medizinische Leistung erbracht werden können,

5.
Kosten technischer Arbeitshilfen, die wegen Art oder Schwere
der Behinderung zur Berufsausübung erforderlich sind und
6.
Kosten der Beschaffung, der Ausstattung und der Erhaltung
einer behinderungsgerechten Wohnung in angemessenem
Umfang.
Die Leistung nach Satz 1 Nr. 3 wird für die Dauer von bis zu
drei Jahren erbracht und in Abstimmung mit dem Rehabilitationsträger nach § 6 Abs. 1 Nr. 1 bis 5 durch das Integrationsamt nach § 102 Abs. 4 ausgeführt. Der Rehabilitationsträger
erstattet dem Integrationsamt seine Aufwendungen. Der Anspruch nach § 102 Abs. 4 bleibt unberührt.

**Gesetzliche Regelung zum Beruflichen Eingliederungsmanage-
ment BEM**
SGB IX, § 84 Prävention

(1) Der Arbeitgeber schaltet bei Eintreten von personen-, verhal-
tens- oder betriebsbedingten Schwierigkeiten im Arbeits-
oder sonstigen Beschäftigungsverhältnis, die zur Gefährdung dieses Verhältnisses führen können, möglichst frühzei-
tig die Schwerbehindertenvertretung und die in § 93 genannten Vertretungen sowie das Integrationsamt ein, um mit ihnen alle Möglichkeiten und alle zur Verfügung stehenden
Hilfen zur Beratung und mögliche finanzielle Leistungen zu
erörtern, mit denen die Schwierigkeiten beseitigt werden
können und das Arbeits- oder sonstige Beschäftigungsverhältnis möglichst dauerhaft fortgesetzt werden kann.

(2) Sind Beschäftigte innerhalb eines Jahres länger als sechs
Wochen ununterbrochen oder wiederholt arbeitsunfähig,
klärt der Arbeitgeber mit der zuständigen Interessenvertre-

tung im Sinne des § 93, bei schwerbehinderten Menschen außerdem mit der Schwerbehindertenvertretung, mit Zustimmung und Beteiligung der betroffenen Person die Möglichkeiten, wie die Arbeitsunfähigkeit möglichst überwunden werden und mit welchen Leistungen oder Hilfen erneuter Arbeitsunfähigkeit vorgebeugt und der Arbeitsplatz erhalten werden kann (betriebliches Eingliederungsmanagement). Soweit erforderlich wird der Werks- oder Betriebsarzt hinzugezogen. Die betroffene Person oder ihr gesetzlicher Vertreter ist zuvor auf die Ziele des betrieblichen Eingliederungsmanagements sowie auf Art und Umfang der hierfür erhobenen und verwendeten Daten hinzuweisen. Kommen Leistungen zur Teilhabe oder begleitende Hilfen im Arbeitsleben in Betracht, werden vom Arbeitgeber die örtlichen gemeinsamen Servicestellen oder bei schwerbehinderten Beschäftigten das Integrationsamt hinzugezogen. Diese wirken darauf hin, dass die erforderlichen Leistungen oder Hilfen unverzüglich beantragt und innerhalb der Frist ces § 14 Abs. 2 Satz 2 erbracht werden. Die zuständige Interessenvertretung im Sinne des § 93, bei schwerbehinderten Menschen außerdem die Schwerbehindertenvertretung, können die Klärung verlangen. Sie wachen darüber, dass der Arbeitgeber die ihm nach dieser Vorschrift obliegenden Verpflichtungen erfüllt.

(3) Die Rehabilitationsträger und die Integrationsämter können Arbeitgeber, die ein betriebliches Eingliederungsmanagement einführen, durch Prämien oder einen Bonus fördern.

Gesetzliche Regelung zur Kündigung aus medizinischen Gründen
SGB III, § 159 Ruhen bei Sperrzeit

(1) Hat die Arbeitnehmerin oder der Arbeitnehmer sich versicherungswidrig verhalten, ohne dafür einen wichtigen Grund

zu haben, ruht der Anspruch für die Dauer einer Sperrzeit. Versicherungswidriges Verhalten liegt vor, wenn

1.

die oder der Arbeitslose das Beschäftigungsverhältnis gelöst oder durch ein arbeitsvertragswidriges Verhalten Anlass für die Lösung des Beschäftigungsverhältnisses gegeben und dadurch vorsätzlich oder grob fahrlässig die Arbeitslosigkeit herbeigeführt hat (Sperrzeit bei Arbeitsaufgabe),

2.

die bei der Agentur für Arbeit als arbeitsuchend gemeldete (§ 38 Absatz 1) oder die arbeitslose Person trotz Belehrung über die Rechtsfolgen eine von der Agentur für Arbeit unter Benennung des Arbeitgebers und der Art der Tätigkeit angebotene Beschäftigung nicht annimmt oder nicht antritt oder die Anbahnung eines solchen Beschäftigungsverhältnisses, insbesondere das Zustandekommen eines Vorstellungsgespräches, durch ihr Verhalten verhindert (Sperrzeit bei Arbeitsablehnung),

3.

die oder der Arbeitslose trotz Belehrung über die Rechtsfolgen die von der Agentur für Arbeit geforderten Eigenbemühungen nicht nachweist (Sperrzeit bei unzureichenden Eigenbemühungen),

4.

die oder der Arbeitslose sich weigert, trotz Belehrung über die Rechtsfolgen an einer Maßnahme zur Aktivierung und beruflichen Eingliederung (§ 45) oder einer Maßnahme zur beruflichen Ausbildung oder Weiterbildung oder einer Maßnahme zur Teilhabe am Arbeitsleben teilzunehmen (Sperrzeit bei Ablehnung einer beruflichen Eingliederungsmaßnahme),

5.

die oder der Arbeitslose die Teilnahme an einer in Nummer

4 genannten Maßnahme abbricht oder durch maßnahmew-
idriges Verhalten Anlass für den Ausschluss aus einer dieser
Maßnahmen gibt (Sperrzeit bei Abbruch einer beruflichen
Eingliederungsmaßnahme),

6.
die oder der Arbeitslose einer Aufforderung der Agentur für
Arbeit, sich zu melden oder zu einem ärztlichen oder psychologischen Untersuchungstermin zu erscheinen (§ 309),
trotz Belehrung über die Rechtsfolgen nicht nachkommt
oder nicht nachgekommen ist (Sperrzeit bei Meldeversäumnis),
7.
die oder der Arbeitslose der Meldepflicht nach § 38 Absatz 1
nicht nachgekommen ist (Sperrzeit bei verspäteter Arbeitsuchendmeldung).
Die Person, die sich versicherungswidrig verhalten hat, hat
die für die Beurteilung eines wichtigen Grundes maßgebenden Tatsachen darzulegen und nachzuweisen, wenn diese
Tatsachen in ihrer Sphäre oder in ihrem Verantwortungs-
bereich liegen.

(2) Die Sperrzeit beginnt mit dem Tag nach dem Ereignis, das
die Sperrzeit begründet, oder, wenn dieser Tag in eine Sperrzeit fällt, mit dem Ende dieser Sperrzeit. Werden mehrere
Sperrzeiten durch dasselbe Ereignis begründet, folgen sie in
der Reihenfolge des Absatzes 1 Satz 2 Nummer 1 bis 7 einander nach.

(3) Die Dauer der Sperrzeit bei Arbeitsaufgabe beträgt zwölf
Wochen. Sie verkürzt sich
1.
auf drei Wochen, wenn das Arbeitsverhä tnis innerhalb von

sechs Wochen nach dem Ereignis, das die Sperrzeit begründet, ohne eine Sperrzeit geendet hätte,

2.

auf sechs Wochen, wenn

a) das Arbeitsverhältnis innerhalb von zwölf Wochen nach dem Ereignis, das die Sperrzeit begründet, ohne eine Sperrzeit geendet hätte oder

b) eine Sperrzeit von zwölf Wochen für die arbeitslose Person nach den für den Eintritt der Sperrzeit maßgebenden Tatsachen eine besondere Härte bedeuten würde.

(4) Die Dauer der Sperrzeit bei Arbeitsablehnung, bei Ablehnung einer beruflichen Eingliederungsmaßnahme oder bei Abbruch einer beruflichen Eingliederungsmaßnahme beträgt

1.

im Fall des erstmaligen versicherungswidrigen Verhaltens dieser Art drei Wochen,

2.

im Fall des zweiten versicherungswidrigen Verhaltens dieser Art sechs Wochen,

3.

in den übrigen Fällen zwölf Wochen.

Im Fall der Arbeitsablehnung oder der Ablehnung einer beruflichen Eingliederungsmaßnahme nach der Meldung zur frühzeitigen Arbeitsuche (§ 38 Absatz 1) im Zusammenhang mit der Entstehung des Anspruchs gilt Satz 1 entsprechend.

(5) Die Dauer einer Sperrzeit bei unzureichenden Eigenbemühungen beträgt zwei Wochen.

(6) Die Dauer einer Sperrzeit bei Meldeversäumnis oder bei verspäteter Arbeitsuchendmeldung beträgt eine Woche.